“2015北京榜样”颁奖典礼现场

任全来在颁奖典礼现场

演奏大师任士荣在颁奖典礼现场

周红在颁奖典礼现场

无臂女孩夏虹在颁奖典礼现场

“2015北京榜样”十大年榜人物和特别奖海报

肖英（右）在工作中

肖英在中国物流与信息技术峰会
接受采访

积极乐观的王亚静

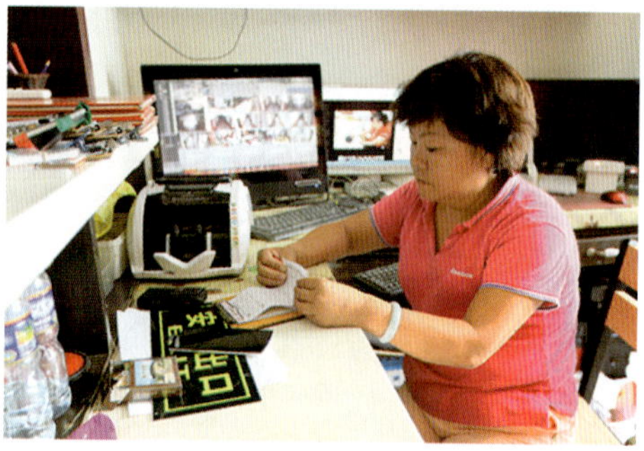

工作中的王亚静

用脚作画的夏虹

任士荣为金婚夫妇现场表演

郑福来担任义务讲解员

郑福来在故事会上讲宛平轶事

王福昌和家人在北京航天飞行控制中心

王福昌和杨利伟合影

高宝来护送小学生上下学

执勤中的高宝来

“豌豆女王”张涛

张涛（中）在田间指导

工作中的谢良志

会议中的谢良志

任全来在照顾老人

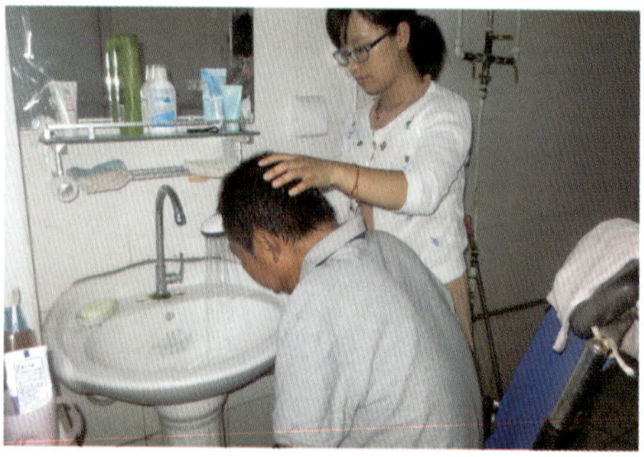

周红在照顾养父

北京榜样

北京榜样人物系列图书

平凡中的力量

——2015北京榜样人物礼赞

首都精神文明建设委员会办公室 编

扫码听书

北京师范大学出版集团
BEIJING NORMAL UNIVERSITY PUBLISHING GROUP
北京师范大学出版社

北京榜样人物系列图书
丛 书 编 委 会

北京榜样人物系列图书
创 作 团 队

罗　英

甘肃酒泉人，笔名文鹰，诗人，儿童文学作家，著名少儿图书编辑，中国作家协会会员，鲁迅文学院高研班学员，曾出席第六届全国青年作家代表大会，作品入选多部中、小学教材。2008 年“冰心文学奖”获得者，出版诗集《居住在我相册里的少女》《树叶的心事》《罗英儿童诗选》，散文诗集《青春絮语》，长篇小说《高一往事》，报告文学作品集《梦想的基石》《高原魂》《云彩的脚步最轻》，主编《〈男孩·女孩〉丛书》《中国当代儿童诗世纪诗丛》《中国当代儿童诗新世纪诗丛》等。2012 年，策划出版的诺贝尔文学奖获得者莫言的作品《聆听宇宙的歌唱》，被评为 2012 年度畅销图书。

张瑞江

硕士研究生。毕业于天津师范大学、装甲兵学院、解放军艺术学院、鲁迅文学院。全国、全军“四五”法制宣传教育先进个人，北京军区优秀旅团主官，多次被评为优秀党委书记、优秀党务工作者等，荣立二等功1次、三等功3次。在《十月》《中国作家》《北京文学》《山花》《长城》《时代文学》《雨花》《昆仑》《解放军文艺》《鸭绿江》《黄河文学》等刊物发表小说，被《小说选刊》《中华文学选刊》等选载。在作家出版社出版《雪土流光》、敦煌文艺出版社出版《无界旅行》。3次获全军文学奖。中国作家协会会员。积极运用报刊等向社会宣传北京市优秀人物先进事迹，讲好北京故事。多次走进养老院、公益中心，对老人、残疾人进行爱心捐助。现在中共北京市委宣传部工作。

刘俊杰

中国作家协会、中国散文学会、中国报告文学学会会员，《兴华文艺》主编，北京兴华鼎盛影视文化传播有限公司总经理、编剧、导演。毕业于首都师范大学中文系。1985年进入北京电影学院学习编导，后调《中国教育报》任编辑、记者、主任记者。曾在国家开放大学、北京广播电视大学、北京民族大学、中国传媒大学任客座教授，现为北京影视艺术家协会会员，北京市写作学会理事、副会长、京南分会会长，作品散见于《中国作家》《人民文学》《报告文学》《北京文学》《中国教育报》等报纸杂志，曾出版长篇历史小说《血染卢沟千古月》《帝国阴谋——一九三七》、报告文学集《没有句号的人生》、中篇小说集《岁月白皮书》等，多篇作品获省部级奖。参与《绿水河畔》等十余部电视、电影的拍摄并获奖。

翟平国

中国报告文学学会会员，中国电力作家协会会员，著有《中国水电兵》《大国治水》等多部专著，作品荣获“中国新闻奖”“中国产经新闻奖”“全国报纸副刊作品奖”“武警文艺奖”等奖项。曾在武警某部服役，先后荣立3次二等功，2次三等功，荣获“全国水利系统先进工作者”称号，现供职于水利部。

序："北京榜样"——平凡中的力量

作为"北京榜样"主题活动万千参与者、组织者中的普通一员，5 年来我有幸亲眼见证、亲身经历了"北京榜样"汇川成海的历程，也真切体验到了中华民族血管里奔涌流淌的道德基因，感受到了脚下这片京华热土上升腾着的精神伟力。

我们伟大祖国的首都北京，是一座多元、包容的历史文化名城，也是我国和谐宜居的首善之区。走在这座城市的大街小巷，您是否和我一样，能感受到一股子热情开朗、大气开放、积极向上、乐于助人的精气神？这就是社会主义核心价值观在这座城市的具体呈现，是"北京榜样"所代表的首都市民的优秀品质。

"北京榜样，就在我们身旁，没有勋章也一样闪亮，没有光环也温暖四方……"每当我听到《北京榜样》这首歌曲，都非常感慨和自豪。"北京榜样"是首都市民的优秀代表，是美好生活的建设者、创新时代的领跑者、和谐社会的维护者，也是优秀文化的传承者。

为了使社会主义核心价值观融入城市生活，北京市委宣传部、首都文明办创办了"北京榜样"主题活动。自 2014 年以来的 5 年间，我们坚持从街（乡镇）和社区（村）做起，围绕全市中心工作，围绕构建和谐社会“首善之区”选树榜样。全城动员、层层举荐、周周上榜，发掘了一大批可亲可敬、可信可学的先进人物。他们用首都意识、首善标准和无私奉献，书写了新时代首都市民的使命与担当。他们把奋斗精神融于岗位、融于日常、融于人生，用心血和汗水擦亮了“永久奋斗”的初心。

高凤林用手中的焊枪，精细焊接火箭发动机上的每一条焊口，以做到极致、追求卓越的“工匠精神”，对待手中的每一件工作。他用“产品就是人生”的信条，诠释了大国匠心。

在北京，有这样一句响亮的口号，那就是“有困难找柠檬黄”。这“柠檬黄”就是一支由 9000 多人组成的“公共文明引导员”队伍。无论是数九寒天，还是烈日当头，在路口斑马线、在公交车站、在地铁站台，他们疏导人流，维护秩序，为乘客提供帮助。这个集体荣获“北京榜样”特别奖的时候，我问其中一位金牌引导员：“人们遇到的困难有许多种，你们不可能都能解决呀？”她说：“能解决的我们解决，解决不了的，我们就帮着去找到解决的办法。有了帮助他人的一份心，就能让不可能成为可能。”

是的，有了帮助他人的一份心，就能让不可能成为可能。卖房救母的张博研，是北京青年的榜样。这个小伙子有两大心愿，一个心愿是能治好他母亲的病，“妈妈在，家就在！”另一个心愿则关乎他自己内心的热爱，就是成为一名出色的主持人。可是，显而易见的家庭负担让他拼搏的脚步变得愈加沉重。不能让榜样心凉啊，我和同事们仔细研究方案后，帮助博研联系到了“北京抗癌乐园”，让他的母亲能够得到更多与癌症抗争的勇气和方法。我们还引荐博研拜著名电视主持人为师，帮助他去成就自己的青春梦想。小伙子兴奋的笑脸，让人特别欣慰。赠人玫瑰，手留余香。我们坚信，正能量定能星火燎原。

从第一届评选开始，榜样们身上散发的那种正能量就深深地感染着我们，同时也在激励和鞭策着我们，既激发了我们宣传榜样的责任感与激情，也给了我们做好本职工作的动力。

"北京榜样"都是普通人，他们把自己的梦想和幸福同国家、社会、他人联系在一起，他们来自群众，又回到群众中，去影响和带动更多的人。他们用一簇簇火苗，温暖一座城，点亮新时代！这就是"北京榜样"——平凡中的力量！这就是"北京榜样"——时代的楷模！

伟大的时代，需要伟大精神的引领。一座城市、一个国家的温度与风度，需要众人拾柴；一座城市、一个国家的精神脊梁，需要榜样撑起。2018 年 11 月，中共北京市委印发《关于开展向"北京榜样"优秀群体学习活动的决定》。2019 年 2 月 20 日，中共中央宣传部向全社会发布"北京榜样"优秀群体的先进事迹，授予他们"时代楷模"的称号，这表明他们不仅是首都市民的优秀代表，也是全中国人民的榜样。

榜样的示范作用，似春风化雨，润物无声；似星火燎原，火红势旺。为礼赞"北京榜样"人物，颂扬"北京榜样"精神，引导人们学习优秀榜样群体的价值取向和道德追求，首都文明办组织作家深入实际，深入群众，深入生活，创作了《平凡中的力量——北京榜样人物礼赞》报告文学系列丛书，将争取在未来以每年一册的节奏结集出版。书中作品集中展现了"北京榜样"热爱祖国、奉献首都的家国情怀，服务人民、拼搏为美的奋斗精神，积善成德、诚信友爱的道德追求和乐观开朗、积极向上的优秀品质。他们不是明星，但他们在百姓心中闪亮发光；他们做的是一件件小事，但正因为这些小事平常而真实，才能像阳光般无声无息地温暖四方。他们是普通人，用凡人善举诠释社会主义核心价值观，诠释习近平新时代中国特色社会主义思想的新风尚。这，正是"北京榜样"的生命力之所在。

我们坚信，在实现中华民族伟大复兴中国梦的进程中，"北京榜样"

这个优秀群体一定会不断发展壮大，“学榜样 我行动”的美好风尚一定会在京华大地上经久不衰，当代中国精神必将成为标志时代的鲜明符号，必将闪耀于中华民族历史的灿烂星河！

滕盛萍

（北京市委宣传部副部长、首都文明办主任）

目　录

老兵的荣誉

——记 60 年演绎快乐的音乐大师　任士荣

………………………………………………………… 刘俊杰(1)

巾帼女杰

——记见义勇为的“专业户”　王亚静

………………………………………………………… 刘俊杰(18)

商海巾帼

——记诚实守信的女企业家　肖英

………………………………………………………… 刘俊杰(28)

“豌豆女王”致富路

——记带领乡亲们共同致富的荣涛豌豆产销专业合作社社长　张涛

………………………………………………………… 罗　英(50)

安得良医佑民安

——记重组蛋白药物研制的领军人才　谢良志

………………………………………………………… 罗　英(67)

中华孝道传家久

——记孝老爱亲的道德模范 任全来

…………………………………………………………… 罗 英(98)

潮白河义女报恩记

——记用一生回报养育恩的“80后”女孩 周红

…………………………………………………………… 刘俊杰(115)

岁月的记忆

——记卢沟桥义务讲解员 郑福来

…………………………………………………………… 刘俊杰(130)

生命一百年 情怀一世纪

——记热心捐赠的百岁抗战老英雄 王福昌

…………………………………………………………… 张瑞江(155)

折翼天使挥舞夏日生命彩虹

——记无臂剪纸艺术家 夏虹

…………………………………………………………… 张瑞江(170)

人民的好警察

——记平凡英雄 高宝来

…………………………………………………………… 紫 金(190)

老兵的荣誉

——记60年演绎快乐的音乐大师　任士荣

刘俊杰

人物简介：

任士荣，男，1935年12月生，空政文工团国家一级演奏员。他是新中国手风琴事业泰斗级人物，1996年退休后，他自告奋勇成为一名志愿者，免费教居民拉琴。无论年龄、职业，即使是盲人朋友，只要喜欢音乐，都可以免费跟他学琴。18年来，他每周两次到社区免费授课。2011年，他获得国际手风琴联盟“中国手风琴终身成就奖”。

一　少年壮志写春秋

冬日，进入大雪节气的北京寒风阵阵。虽说今年被气象学家说成暖冬，一直没有降雪，可临近年关，天气还是寒冷得出奇。午后斜阳懒懒地挂在天边，笔者受首都精神文明办的委托，走进了位于北京市海淀区太平路附近的空政大院职工宿舍，采访2015年度“北京榜样”获得者任士荣老人。

我国手风琴界泰斗任老，在总政歌舞团著名歌唱家夫人黄倩的陪同下，追溯往事。

说起苦难的童年，说起年幼从军学艺的经历，任老的瞳孔里，盈满了岁月的情感。1935年12月，大概也就是这样一个寒冷的季节，任老出生在江苏扬州宝应县大运河边一户小手工业家庭。童年时代，战火纷飞，收入微薄的家里经常饥寒交迫，一间茅草屋难遮风雨。特别是寒冬腊月，虽不像北方这么寒冷，可那种衣不遮体、食不饱腹的饥寒，却也浸入脊髓。他上小学时，全靠母亲向邻居借钱，父亲勤俭，东挪西借，一家人才勉强没有被饿死。

1943年，为躲避战火，父亲带着全家逃难到了苏北宝应县农村。当时，他学会了《你是灯塔》《东方红》等歌曲，受到了革命熏陶。此后，全家又为了躲避日本侵略者的扫荡、屠杀，在战火中颠沛流离，辗转来到重庆。为了生计，13岁的任士荣，被迫辍学，来到重庆求新服装厂当童工。他经常挨打受骂，曾被老板多次殴打，甚至打晕，在他幼小的心里，埋下了反抗的火种。

1949年11月，刘邓大军解放了重庆，任士荣看到了希望。这一天，二野三兵团文工团在街头招收新学员，14岁的任士荣欣然前往。他感谢在苏北抗日根据地的那段经历，一口气唱了好几首革命歌曲，赢得了在场人们的掌声。此后，他又顺利通过了普通话和简谱测试，很快被录取。

在部队文工团，任士荣被朱凤平老师的手风琴所吸引，他提出要学习手风琴。朱老师见他决心很大，就开始教他拉琴和学习乐理，还亲自给他抄乐谱。师傅领进门，修行在个人。任士荣勤学苦练，除去完成演出任务，一有时间，他就反复练习指法，揣摩手风琴的节奏。

功夫不负有心人，在任士荣的刻苦努力下，他拉手风琴的技艺逐步提高。1951 年，任士荣随团到革命根据地慰问老红军和军烈属。通过这一系列的慰问演出，他的手风琴演奏技艺有了长足的进步，为他后来成为手风琴演奏家奠定了基础。

真正受到战争烽火考验的是 1953 年，任士荣由于演奏技艺精湛、口碑好，被选拔参加四川省赴朝慰问团。他和战友们不畏艰难，背着手风琴，不远万里地来到战火纷飞的朝鲜前线。他们钻进狭窄的坑道，冒着生命危险爬上阵地，给浴血奋战的志愿军和朝鲜人民军演奏激动人心的乐曲。

有一次，任士荣正在前线附近的一条山沟里演出。突然，美军轰炸机钻出云层，眨眼间冲到舞台上空，一阵轰炸扫射，许多战友牺牲，他也险些遇难。幸亏志愿军防空部队猛烈开火，赶走了敌机，他和慰问团的战友才逃过一劫。烽火连天月，琴声动山河。

回眸往事，任老记得，还有几次在朝鲜演出时，也是惊心动魄，可以说是与死神擦肩而过。一次，正在演出时，敌机突然前来轰炸，舞台都震动了，但任士荣仍然拉着欢快的乐曲，泰然微笑，以革命浪漫主义和视死如归的精神，感染着台下的观众。慰问团的演出十分成功，任士荣的精彩演奏受到了部队官兵的热烈欢迎。

1955 年，任士荣从西南军区歌舞团调到空政歌舞团。他经常下部队演出，跑遍了大江南北、长城内外；祖国大地到处都留下了他优美的琴声。在高原哨所，在戈壁深处，哪怕只有一名战士，他也拉起红色乐器——手风琴，倾情演奏。他的热情和豪迈，让部队官兵深受感动。

1957 年，任士荣赴沈阳音乐学院进修深造，师从张子敏教授。1962 年，第八届世界青年联欢节在芬兰赫尔辛基举行，任士荣随团前往。他意气风发，拉着手风琴走上街头，以一首首欢快优美的乐曲，感染着异国他乡的听众。尽管语言不通，生活习惯不一样，但音乐无国界，一时间人们欢呼不断，纷纷鼓掌。就连参与维持治安的警察，也向他敬礼致意。他参加演出的节目，连续获得了四枚金质奖章和一枚银质奖章，受到了中国青年代表团团长王照华和团中央的高度称赞。

任士荣在自己拉好手风琴、做好本职工作的同时，还积极参与手风琴艺术的普及与提高工作。1963年2月，任士荣参与组建了新中国第一个手风琴学术组织“中国音协北京手风琴专业组”，同时成立了音协手风琴乐队，他被推举为组长。同年7月21日，中国第一场手风琴专场音乐会在北京公演，任士荣担任指挥。音乐会以独奏、重奏、齐奏、小合奏、大合奏等多种形式，演奏了中外名曲，受到了与会观众的热烈欢迎，引起了极大的轰动。

1965年，任士荣参加在法国巴黎举办的国际艺术节，他担任领队，精心策划，编排演出了由《红绸舞》《丰收歌》《牧羊女》《艰苦岁月》等舞蹈与合唱、对唱、独唱，手风琴独奏、伴奏组成的综艺晚会。演出中，当任士荣演奏《怀念延安》《扭起秧歌庆丰收》时，全场轰动，掌声和欢呼声经久不息。法国《费加罗报》《马赛人》等报纸发表了《中国手风琴家演奏的中国民歌令人惊叹》《中国人以热情征服了马赛》等文章，称赞演出盛况。

回国后，周总理和陈毅副总理在中南海设宴，招待了任士荣等艺术家，称赞他们是“中国国际乌兰牧骑演出队”。全国各大报纸对此均做了专题报道。

任士荣步入中年后，演艺更加炉火纯青，涉及的领域也更加广泛。1988年，任士荣在中央电视台担任《手风琴知识讲座》主讲，节目获得了“全国优秀电视讲座节目”奖。1993年，任士荣在国际手风琴艺术节上发表了题为《为建立中国手风琴学派而奋斗》的学术论文，获得了荣誉证书。1995 年，任士荣在国际手风琴艺术节上举办了“任士荣中国手风琴作品音乐会”，在中国手风琴艺术节上获得“手风琴演奏元老杯荣誉奖”。

2002 年，年近古稀的任士荣和夫人黄倩访问美国，在旧金山多次为旅美华人和外国友人表演手风琴独奏和女高音独唱，受到了中外友人的热烈欢迎。

学无止境，艺海无涯。当他进入退休年龄，本该颐养天年的时候，任士荣却老骥伏枥，志在千里，瞄准了下一个人生追求的目标，一步一个脚印，踏踏实实地走下去。

二　志在千里不歇脚

一个人何为战士、老兵？何为老战士、老兵？在不同时期，有不同的理念和解释。笔者认为，战士，就是面对新形势、新任务，敢于挑战自然，敢于挑战对手，做到与时俱进，战胜任何艰难险阻，进行新的长征，踏遍千山万水，取得胜利。老战士，就是不服年龄的限制，一腔热血，奉献给祖国，发挥余热，为人民服务。空政文工团国家一级演奏员任士荣，就是这样的战士，更是这样新时期的老战士！

任士荣是新中国手风琴事业的泰斗级人物，退休后，他没有躺在昔日的功劳簿上颐养天年，而是不忘初心，进行新的长征。1996 年，他从国家一级演奏员的岗位上退休后，放下教授、国家一级演员的身份，自告奋勇成为一名志愿者，融入附近百姓、人民群众的业余文化活动的辅导中，免费教附近的居民拉琴。学习者无论年龄、职业，即使是盲人朋友，只要喜欢音乐，都可以免费跟着他学琴。他认为，作为一名战士，一个老兵，不能就这样轻易退出阵地，应该发挥余热，为社会服务，为人们的业余文化水平提升、文艺生活服务。

他每周两次到社区免费授课，20多年从未间断。任士荣在多年的革命生涯中逐步认识到，手风琴在中国革命实践中，以其小巧灵便、便于携带的特点，无论是在战火纷飞的年代，还是在和平建设时期，都发挥着积极的作用，被称为“红色乐器”。它既能独奏，又能伴奏，为大众喜闻乐见。手风琴也是普及最广的乐器之一，无论在专业乐坛，还是在大众当中，都占据着重要地位。国际手风琴协会经常举办国际比赛，西方许多音乐院校建有手风琴系，一般院校也经常设有手风琴专业。

任士荣老师根据多年从事手风琴演出和教学的实践，科学地将五线谱翻译成简谱，让学员们学起来更简单易懂。学员中年龄大小不一，水平高低不同，掌握学琴的技能有的进步快，有的进步慢。任老师从来不烦，坚持因人施教，对新来的学员，经常单独辅导。2002年6月，海淀区太平路小学4年级学生李庆森开始跟着任老师学琴，从最基础的指法到乐理知识，2005年，李庆森在北京市学生艺术节上获得手风琴演奏一等奖。

北京航空航天大学动力系的刘导治教授，在社区跟着任老师学琴，他进步很快，在为老教授合唱团手风琴伴奏时受到了热烈欢迎，并获得了北京市老年手风琴比赛一等奖，还随团到俄罗斯演出，一时传为佳话。

学员中多为离退休的老年人，65岁的师文清口吃，自觉脑筋反应迟钝。他跟着任老师学琴后，满意地说：“这生活越来越够意思，越来越有味儿了。”

2008年，汶川大地震，任士荣和社区共同组织了一场义演活动，演出之后他将善款和手风琴，一并捐给了灾区人民。

学员们没有忘记，任士荣对残疾朋友怀有深厚的感情。盲人朋友学手风琴看不见，任老师就运用“触摸教学法”，拉着盲人的手一个音符、一个琴键地教；盲人不知道节奏，任老师就扶着他们的脚，帮助打节拍。在任士荣老师的努力下，盲人陈国越和黎小妹荣登北京电视台、安徽电视台以及中央电视台，进行了一系列精彩的表演。

2011 年，任士荣在第 64 届世界杯手风琴锦标赛(中国·上海)系列活动中，荣获北京“鹦鹉手风琴之夜音乐会”优秀演员奖和北京市第四次残联大会授予的扶残助残先进个人称号。同年 10 月，他在上海荣获“中国手风琴终身成就奖”。

任士荣，这位中国手风琴界的泰斗，以毕生精力奉献给了中国的手风琴事业。他的爱心，像春雨般滋润着盲人朋友的心田，让他们在音乐的世界中感受着阳光。

2016 年 12 月 2 日晚，北京寒风刺骨，中央民族乐团音乐厅内却温馨暖人。“2015 北京榜样”——中国手风琴事业泰斗任士荣先生在这里奏响了他个人的专场音乐会。往届“北京榜样”代表、任士荣 18 年来义务教授的盲人学生、北京市志愿服务联合会助老助残服务团体代表、首都媒体代表以及百余名市民代表一同见证了这一感人时刻。

三　情系革命老区——伉俪荆楚行

情满人生，爱满身边。不愿成为追求名利的奴隶，是任士荣退休后艺术人生追求的目标。为了普及手风琴演奏的知识，他们夫妇在隆冬时节，应湖北省手风琴学会和湖北省荆州市音乐家协会的邀请，冒着凛冽的寒风，前往湖北武汉和荆州两地分别举行手风琴讲座，受到当地音乐界，特别是艺术院校手风琴界师生的热烈欢迎。

武汉音乐学院的大院内，我国手风琴界德高望重的任士荣老师、黄倩老师的演出在这里举行。出席这一盛会的有湖北省音乐家协会的领导，湖北省手风琴学会、武汉市手风琴学会的领导和核心成员，以及三百多名学生及其家长。

任老师首先简要地讲述了手风琴在中国发展的历史，然后介绍了手风琴独奏的特色和魅力，重点指出手风琴在各种伴奏中的特殊作用。同时，他强调了对基本功训练的要求，以及在练琴中学生和家长应当注意的各个方面。观众们对任老师杰出的演奏和黄老师的精彩演唱不时报以热烈的掌声。任老师为武汉手风琴界的师生上了生动的一课，也给大家留下了深刻的印象和美好的回忆。

当天下午 4 点，任士荣老师结束了他的精彩讲座，顾不上休息，在湖北省手风琴学会秘书长的陪同下，任老师一行又驱车二百多千米，赶赴正在热切期待着他们的古城荆州。晚上 8 点，在荆州电力宾馆的门前，任老师一行受到荆州市音乐家协会、荆州市手风琴学会的领导以及闻讯赶来的家长们的热烈欢迎。

12 月 5 日上午，荆州市最具特色的演出场所"川主宫"迎来了对其有着特殊意义的，也是非常难得的一场演出——任士荣老师和黄倩老师的演奏、演唱音乐会将在这里举行。出席音乐会的有荆州市委副书记、宣传部部长、文联主席、音协主席等领导，观众席中还有几百名学习艺术的大学生和高中生，以及正在学习手风琴的学生和家长。荆州市音乐家协会秘书长代表音乐界发表了热情洋溢的欢迎辞。随后进行了任老师的讲座、演奏和黄倩老师的演唱，现场气氛十分热烈，舞台上下融为一体。

当天晚上，应荆州市音乐家协会主席、长江大学音乐学院院长董焰的邀请，任士荣老师和黄倩老师兴致勃勃地参加了长江大学的学生文艺晚会，他们精彩的手风琴节目和声情并茂的歌唱，把晚会推向了高潮，受到了广大学生的欢迎，同时也让他们认识了手风琴，感受到了手风琴的魅力。

12 月 6 日下午，应荆州市"沙市新世纪实验学校"黄诗前校长的邀请，任士荣夫妇特地为中小学生演出了精彩的手风琴节目和歌曲，受到了全校师生的欢迎。黄校长认为，他们给全校师生上了一堂生动的素质教育课，是“高雅艺术，美的享受”。两位老师在学生们充满稚气的“任爷爷再见、黄奶奶再见”的呼喊中离开校园。在任老师不多的休息时间里，他还热心地给湖北省手风琴学会秘书长和荆州市手风琴学会会长传授新的手风琴演奏技巧，讲授其对乐曲的处理。两位手风琴老师觉得受益匪浅，深感荣幸。

任士荣老师的荆楚之行，给当地的手风琴教学带来了鼓舞、激励、希望和生机，留给人们的是他对艺术孜孜不倦的追求，对手风琴独奏和伴奏技术的精益求精，还有他对手风琴师生无私的“爱”，对手风琴艺术痴心的“情”。我们衷心地感谢任士荣老师和黄倩老师，祝两位艺术家身体健康，永葆艺术的青春。2016 年，他被评为“2015 北京榜样”。耄耋之年的任老希望举办一场属于自己和盲人学生们的音乐会，通过这样的形式把快乐传递给更多的人。因此，2015 年 12 月 3 日，在国际残疾人日来临之际，“北京榜样”组委会特别策划了“‘音乐点亮人生　爱与快乐同行’为榜样圆梦之任士荣专场音乐会”，希望在帮助“北京榜样”任士荣圆梦的同时传递任老热心公益、助人为乐的高尚品质，呼吁社会各界人士关爱残疾人，为残疾人奉献自己的一片爱心。

当晚的音乐会精彩纷呈，感动满满。任老和他的盲人学生们首先用一曲《盲人的心声》开场，优美的旋律传达出的真挚的情感，赢得了现场观众阵阵的掌声。助演嘉宾也是本场音乐会的亮点之一，他们不仅是著名艺术家，也是任老的亲人和朋友，他们用优美的歌舞支持着任老的公益事业。任老的夫人、总政歌舞团原女高音歌唱家黄倩和任老一起表演了《我和你》《年轻的朋友来相会》等脍炙人口的歌曲。《让我们荡起双桨》首唱者刘惠芳、原空政文工团男高音歌唱家张士学、女高音歌唱家李雪、原中国儿艺著名男高音歌唱家富立民等著名艺术家分别登台献艺，为观众带来《滚滚长江东逝水》《长江之歌》等经典曲目，原工程兵文工团舞蹈家赵燕还带来了经典舞蹈《草原情》。老艺术家们用心投入的演出、精湛的唱功和热心公益的精神令现场观众忍不住赞叹。音乐会的最后，任士荣和盲人朋友们的一曲经典的《啊，朋友再见》引发全场大合唱，把现场气氛推向了高潮，音乐会也在歌声中圆满落下帷幕。

“为榜样圆梦”活动是“北京榜样”大型主题活动中的重要组成部分，组委会根据榜样人物的愿望设计圆梦活动，通过举办“为榜样圆梦”，在表彰榜样人物的同时，使得市民群众能够近距离接触榜样人物，学习榜样事迹与精神。接下来“北京榜样”组委会还将陆续开展“为榜样圆梦”“学榜样我行动”等一系列公益活动，让更多的人能够聆听榜样故事，感受榜样风采，与“北京榜样”人物一同参与到公益活动中，传递榜样精神。

四　热心公益事业，义务教盲人学习手风琴

任士荣教盲人学琴，这因缘还要从 20 多年前说起。那是 1997 年，香港回归的金秋时节，任士荣到北京八大处游园，远远就听到了手风琴声，拉琴的是一位盲人。站在附近，他专注地倾听那位盲人的演奏，音乐虽然热烈，但指法不熟，节点掌握也不准，有的地方还跳音。任老师听了一会儿，走上前说，“我可以教教你，我想如果你能拉得更好，你的收入就可以更高一点儿”。

“你先拉给我看看”，那位盲人因为无法看到任老师相貌，还有些不相信他的话。

任士荣上前接过手风琴，拉了一曲《西班牙斗牛》。

盲人一听，瞬间震惊了，他已经听出了眼前这位就是他梦寐以求想拜师学艺的任士荣老师。可他知道任老师的名气和影响力，他一个

没有什么收入的盲人，怎么敢有如此的奢望。正因为他遇到的是任士荣，他徘徊、犹豫了很久，终究没敢上门求教。“我看他拉得不太好就想教教他，拉得好一点可能收入会更高一点。我想纠正他的错误，没想到对方不以为然。他当时以为我要收钱，就没答应。”任士荣回忆说。

2007年，在东城文化馆举办的比赛现场，任老师认出了这位盲人选手，他叫陈国越。“你把你们所有盲人中喜欢学习手风琴的集中起来吧，我来给你们教琴”。正是这样一个机缘，让任士荣与他的盲人朋友们走到了一起。从此，任老师开始为十几位盲人教琴。从2006年开始教盲人拉手风琴，到2007年组建盲人手风琴班，这一教就是10年，3000多个日日夜夜。

盲人学琴很困难，大部分只能靠手感。为了帮盲人朋友们学琴，任士荣自创“触摸教学法”，拉着他们的手一个音符、一个琴键地教。为了照顾盲人琴友，每次新来的学员都要从头识谱，任士荣将五线谱翻译成简谱，让大家学起来简单易懂，他还自己编写了两本厚厚的手风琴演奏曲目讲义。

做好一件事很容易，但要在10年的时间里做好同一件事，不仅需要超凡的信念，更需要有对盲人群体的理解和爱心。任士荣说：“我60岁退休，今年80多岁了，也是做好事，学雷锋嘛。雷锋说，人的生命有限，为人民服务的时间是无限的。有生之年我会把自己在手风琴领域所学的知识全部教给盲人朋友。”10多年来，任士荣的手指无数次在黑白琴键上跳动，容颜老去的背后，不变的是那份无私奉献的初心，他把爱心化作快乐的琴声和歌声，为盲人朋友点亮了一盏心灯，也温暖着更多的人。

此前，他已经在万寿路社区组建了老年手风琴队，开展义务教学。从广安门残疾人活动中心到万寿路街道，再到中国盲人图书馆，任世荣义务为盲人教授手风琴，走过了近 10 年路程。2013 年，在“鹦鹉杯”北京手风琴大赛上，出现了惊人的一幕，有一队选手，一半都是盲人。

不甘心接受命运的安排，自强不息，顽强抗争。盲人代表队昂扬向上的精神和精湛的手风琴演奏技巧，博得了场内阵阵的掌声，他们也赢得了评委的赞誉，最终荣获了手风琴大赛(业余组)金奖。盲人陈国越和黎小妹还登上了北京电视台、安徽电视台以及中央电视台的演出台。业内人士没有忘记：他们都是任老的学生。盲人代表队优异成绩的取得，倾注了任老多年的汗水和心血。

回眸任士荣老师与盲人代表队结缘、相识的过程，还要说到从 2006 年开始的扶盲助盲活动。2007 年，他创办了“和谐之声盲人手风琴班”。2011 年，中国盲文图书馆落成开馆，他积极参与文化助盲活动，热心奉献专业特长，成为盲人手风琴教育培训班的老师，致力帮扶更多盲人朋友。在教学过程中，他结合盲人自身的特殊性，潜心研究，发明了“触摸教学法”和“快乐教学法”。为了满足盲人朋友对音乐的追求，他创作了《盲人的心声》《我们的人生充满阳光》《中国盲文图书馆——我们的精神家园》等歌曲。2013 年 8 月，全国手风琴比赛，他带领的中国盲人手风琴队摘得金奖。

他不仅是盲人朋友学习上的良师，还是他们生活中的益友。为了资助贫困的盲人学员，他拿出比赛获得的 1.4 万元奖金，购置了 13 台手风琴；对于那些半路失明的盲人学员，他还充当起了心理老师的角色，鼓励他们重拾生活的信心；先天失明的盲人黎小妹，不幸因病去世，他组织盲人朋友和志愿者纷纷捐款，亲自主持告别仪式，告慰逝者。至今，他在文化助盲的道路上已无私奉献了近 10 年，教会了几十名盲人朋友演奏手风琴，并带领他们参加各种演出。任士荣荣获了“北京扶残助残先进个人”“北京榜样”“感动海淀”十大文明人物等多项荣誉称号。

在与盲人朋友接触的过程中，时时发生着一些感人的故事。陈国越是盲人手风琴班的创始人之一。自从他在手风琴班学琴后，他除了可以自拉自唱很多歌曲外，基本功也提高了不少，演奏的水平比过去提高了很多，也能演奏一些小型的独奏曲。他还学会了演奏特技“抖风箱”“颤风箱”和“即兴伴奏”。

桃李不言，下自成蹊。任士荣热心公益，义务教学，普及文化，学生遍布京城。为了回报任老的善行义举，2013 年 11 月 3 日下午，在中央音乐学院新楼五厅演奏厅，中央音乐学院钢琴系手风琴专业的学生们在曹晓青教授的带领下，与任士荣中国梦残健同行手风琴合唱班举行了一场联欢演出。学生们和自强不息的盲人乐手们同台演出，以音乐为纽带，以传统、古典、流行不同风格的手风琴乐曲演绎了手风琴在中国发展的历程，书写了一部中国手风琴发展进步的史诗。

联欢会在新老艺术家和音乐爱好者共同演奏的《拉德斯基进行曲》中结束。笔者在音乐会上首演了由作曲家李勇敏老师创作的新作品《淘气鬼》和自己改编的中国作品《花儿与少年》，乐曲得到了大家的好评，演出非常成功。演出后，任士荣老师还赠送了他改编出版的曲集，笔者同样将自己改编的乐曲和出版的 CD 送给任老师留念。

至 2019 年，任士荣的手风琴演奏生涯已达 69 年，他用自己的全部技能换来了无数人的快乐、激情与幸福。北京奥运会开幕前夕，任士荣和夫人黄倩被聘为北京市奥运志愿者协会合唱服务团顾问。他把歌曲《微笑北京》加入了合唱部，并谱出了手风琴伴奏曲和独奏曲。

五　宝刀不老，焕发老战士的昂扬斗志

每当人们从海淀区采石路 7 号社区活动室经过时，都会被从屋内传出的优美手风琴乐声吸引而驻足。合奏、重奏、独奏，琴声、掌声、笑

声……因活动室地处空政文工团院内，人们自然地想象这是专业团体的练功房、琴房。其实，这是任士荣盲人手风琴班在上课。这位曾是空政文工团的著名手风琴演奏家，我国最著名的手风琴大师之一，在春风化雨，把老战士的余热散发到人民群众之中。

笔者走进任老的课堂，亲眼看见了他的授课，觉得就是一堂人生教育课。开场是盲人学员刘和平演奏乐曲《小苹果》，优美的旋律、多变的技法和富有弹性的曲声感染了学员，一曲刚完，任士荣带头为他鼓掌。刘和平幸福地说，“刚开始学琴拉音节，老师要求我们既要把拍子拉满又不能把拍子拖长，可我根本就不会打拍子，正在我着急时，任老师走过来说，‘来，我给你打拍子’，这时，就觉得有人忽然扶住了我的脚，一拍、两拍……慢慢地，我就有了音乐节奏感、信心也足了。”任老，这位中国人民解放军的老战士，就是在用实际行动，践行人民军队全心全意为人民服务的宗旨啊！

在课堂短暂的休息时，学员朱蕴微走到任士荣老师面前说：“老师，您是名人，我们跟您学琴，也快成名人了。前不久，您的事迹在中央电视台播出后，有很多观众给我打电话，都想拜您为师。”

学员们纷纷表示：我们不仅是跟任老师学琴，更是跟任老师学做人。

学员张桂茹双眼 0.01 的视力近乎失明，对生活已经失去信心，平日不愿出门见人，是学习手风琴给她带来了快乐。眼下，她已不满足于自己快乐，经常背着手风琴到公园里，到人群中，到敬老院，她要像任老师那样把快乐送给别人。

57 岁的朱阿姨在盲人手风琴班学琴已 4 年多，是班里最活跃的琴友。“老师一点架子都没有，对我们特别亲，不厌其烦地教我们，就像我们的父亲一样。”朱阿姨说，任士荣老师平易近人，没有大师的架子，向任士荣学手风琴，给自己的生活带来了很多快乐。

80 多岁高龄的任老谈起学员学琴，赞不绝口，异常兴奋，但在说到自己时，却总是那么简单：“能被社会需要，被别人需要，就是一种幸福，我要让盲人享受音乐的快乐。”

几年来，每当下课时，任士荣总是第一个走出教室，带领一队背着手风琴的盲人走出大院，这让很多人为之感动。“只要我还能拿得动琴，我就不会停下来。只要琴在手，我就是世界上最快乐的人。”任士荣如此说。

总结任老退休后参加公益活动的足迹和成就，不但令人敬佩，更加令人羡慕：1988 年，任士荣在中央电视台担任《手风琴知识讲座》主讲，节目获得了“全国优秀电视讲座节目”奖。

1992 年，他荣获了国务院颁发的“为我国文艺事业做出突出贡献”荣誉证书和政府特殊津贴。

1993 年，任士荣在国际手风琴艺术节上发表了题为《为建立中国手风琴学派而奋斗》的学术论文，并获得荣誉证书。

1995 年，任士荣在国际手风琴艺术节上举办了“任士荣中国手风琴作品音乐会”，在中国手风琴艺术节上获得“手风琴演奏元老杯荣誉奖”。

1999—2000 年年初在北京为唱片公司录制了《手风琴基础教程》《手风琴考级重点曲目辅导》和 VCD 教学片 8 盘。

2002 年，任士荣和夫人黄倩访问美国，在旧金山多次为旅美华人和外国友人表演手风琴独奏和女高音独唱，受到中外友人的热烈欢迎，并获赠荣誉奖状。

2011 年，任士荣荣获北京市第四届残联大会授予的扶残助残先进个人称号。在同年举行的第 64 届世界杯手风琴锦标赛（中国·上海）活动中，他荣获“中国手风琴终身成就奖”。

他先后出版的著作有《手风琴电视教程》《手风琴课堂教程》《任士荣手风琴演奏教学曲集》《手风琴考级曲目名家指导》等。退休后，他成为一名退而不休的志愿者，已免费教居民和盲人拉琴近十年。

（照片左一为老战士任士荣，后面四位为盲人学琴者，他们在过马路）

任士荣不忘初心，牢记人民军队的宗旨，他经常佩戴着“为人民服务”字样的徽章。

中秋节前夕，任士荣买了月饼分给大家，69岁的荣阿姨是志愿者，帮助他分发月饼。有一次，任士荣在医院住院不到一星期，就跑出去演奏了三次。他说：“答应别人的事不能食言。”他坦言，与学员合奏十分快乐，不但有助于学员自己发现错误，还能快速提高技艺。

在任士荣家里，经常摆放着几台手风琴，供不方便的老年朋友免费取用。任士荣与首唱《让我们荡起双桨》的歌唱家刘惠芳不但是战友，还都是热心公益事业的志愿者，他邀请她前来教学，同台演出，两人配合默契，相得益彰。培训班上课时，任士荣在一旁为大家伴奏，刘惠芳教大家合唱。刘惠芳说，能为社会多做些有意义的事是应该的，自己也很开心。

这位久经战场洗礼、考验的老战士，如同一匹志在千里的老马：“老骥伏枥，志在千里；烈士暮年，壮心不已”，为北京市残疾人事业贡献了自己的一分力量。

何为战士、老兵？任士荣以耄耋之年，献身群众文化事业发展，以对革命事业的追求，彰显了革命战士的忠诚；以对盲人琴友就像对自己的亲人一样的情感，诠释了这样的大爱。他的言传身教，让大家深受感动，琴友们都非常尊敬和爱戴他。

朋友，你读完此文，有什么感想？

巾帼女杰

——记见义勇为的“专业户” 王亚静

刘俊杰

人物简介：

王亚静，女，1967 年 6 月生，昌平区小汤山镇讲礼村村民。2014 年 10 月，她和妹妹在逛街时发现一名持刀男子向一位驾车人连刺数刀，她立即跑上前去用力推开持刀人，制止其继续行凶，并开车将腹部伤势严重的受害人送到医院抢救。村民都说她天性侠肝义胆，有一副热心肠，谁有难处她总会尽力帮助。生活中她多次临危不惧，见危相助。

一　迎着锋利的尖刀，弱女子挺身而上

昌平区是首都北京的北大门，被称为“密迩王室，股肱重地”，素有“京师之枕”的美称。境内地理形势优越，土地肥沃，自然资源丰富；山雄水秀，名胜古迹众多，人文景观齐全。

位居昌平与京都衔接之地的小汤山，更是京北重镇，素有“温泉古镇”之美称。小汤山的地热温泉历史悠久，享有盛名，以面积大、埋藏浅、范围广而著称。

小汤山镇讲礼村成村于明代，明朝时叫“能俭里”，清代改名“讲礼村”，村名文明有文化。讲，是说的意思；礼，是礼节、礼仪，沿用至今。沧桑岁月的演变，如大自然的河流山川，早已不见昔日的风貌。

本文采访的主人公就是吃着这一方土地上打的粮、喝着这一方水土长大的王亚静。

2016 年 2 月 15 日，在“2015 北京榜样”颁奖典礼上，昌平区小汤山镇讲礼村的女村民王亚静，赢得了世人注目的荣誉。其实，有人不解，她既非明星大腕，又非知名人物，为何以一名普通村民的身份，获此荣誉？又以什么动人的事迹感动了众多评委，获此殊荣？

据村民们介绍：她身材不高，喜欢红色，性格活泼。她自幼心地善良，喜爱武术。昌平地区的穆桂英点将台、杨六郎镇守居庸关等民间典故传说，还有当地流传的革命斗争故事，无不熏陶、感染着她的成长，巾帼英雄穆桂英一直是她心中崇拜的偶像。

2014 年 10 月的一天，王亚静和家人外出，当走到尚信村东路口处时，突然发现一辆黑色轿车从她身边飞快驶过，后面有一名男子手持一把尖刀，正在拼命地追赶着这辆车。此时，恰逢前面路口拥堵，黑色轿车无法前行，持刀男子疯狂冲到车前，猛地拉开车门，咚咚咚，冲着车内就是一顿乱捅，车内随即传出凄厉的惨叫声。路边的王亚静看到这一切，正义感油然而生，她不顾个人安危，立即冲上前去，用力将正在行凶的男子推开，大声呵斥：住手！行凶的男子见有人出面阻拦，其嚣张气焰顿时熄灭了许多，邪不压正，便停止了行凶。

当时，车内受伤的人，手捂住了腹部从车内走了出来，血流不止，十分恐慌，嘴里说着“我的肠子都流出来了”。见此情景，王亚静二话不说，赶紧打开车门，高喊一声：快去医院。她果断地开着受害人的车，飞快地将受害人送往小汤山医院，并及时报警。

王亚静驾车一路飞奔，赶到了附近的小汤山医院，但是由于受害人伤势严重，小汤山医院不具备重伤医治的条件。王亚静一听，立刻开车赶往急救中心，又是一路飞奔。到达急救中心时，受害人因流血过多，已经意识模糊，不能下车了。她一直在伤者身边陪伴，并大声鼓励。

经过两天的抢救，受害人终于脱离了生命危险。谈起那天，王亚静坦言：当时真没想那么多。“我脑子里只知道，这时我上去了，就能救下来一条人命，如果我怯懦，不敢上去，那车里的人肯定就没命了。什么男人、女人，关键时刻，敢于冲上前，才叫人。”

在受害人养伤期间，王亚静曾两次去医院探望，安慰他好好养伤。受害人感激地说，是陌生人王亚静给了他第二次生命。其实，两人此前素不相识，从未见过面。

在“2015 北京榜样”颁奖典礼上，著名评书表演艺术家刘兰芳作为颁奖嘉宾，为王亚静即兴赋诗一首：

昌平女杰王亚静，
面对尖刀往前冲。
见义勇为人称颂，
大爱挽救俩家庭。

二　热心肠，赢得乡亲们的称赞

俗话说：“冰冻三尺，非一日之寒。”其实，一个人的成长，如同一棵树的成才，都要经历岁月的砥砺磨炼。十年树木，百年树人。王亚静被评选为“北京榜样”并不是偶然的，而是她多年热心乡里的结果，也是她热爱家乡这片土地的必然。

心性耿直、热情善良的王亚静，在小汤山镇十里八村是出了名的热心肠。2003年的一天，她在村口的街道上，看到一辆开得飞快的三轮车冲过路口时撞死了几只羊。可匪夷所思的是，三轮车撞了羊，却不管不顾，扬长而去。看到这一切的王亚静路见不平，正在路边的她，一踩汽车油门就追了上去，拦下了那辆三轮车。这时，她才发现，撞死羊的肇事司机不是别人，是自己的一个亲戚。但王亚静并没有因此而动摇，还是把他拦了下来，直到看着自家亲戚给放羊人赔了钱才放他走。

王亚静不仅在家乡做好事，即使在千里之外，也是侠肝义胆的热心肠。2004年，王亚静出差到山东青岛参加会议，在闲暇时逛街，经过旁边的一个路口，看见几名男子在殴打一名小姑娘。王亚静挺身上前，帮助小姑娘，将这些人赶走。像这样见义勇为的事情还有很多，亲戚朋友经常开玩笑：说她是个见义勇为的“专业户”。

王亚静喜欢路见不平，又喜爱武术，您可能以为，这位巾帼英雄一定体格不错。其实，她曾经身患重病。2000年，王亚静身患乳腺癌，她和丈夫两人停止了工作，日子过得比较拮据。身体康复后，在村里的帮助下，夫妻俩开了一个农家院，自食其力，日子过得红红火火。

提起对家乡的感情，王亚静有着说不尽的话题。她经常说，我的家乡昌平区小汤山镇太可爱了。她一有时间，就会前往文化古迹，陶醉在历史长河的遗迹中。在她看来，那静静地躺着的一座座行宫遗址，就是大自然历史的诗行，若非特意寻觅，匆匆路过也会视而不见。在外人看来，那些残垣颓井、旧石废坑，实在没有什么吸引人之处，而在王亚静眼里，却是价值难以估量的风水宝地。

只有了解家乡的历史，读懂它的辉煌和苦难，才会更加珍惜今天的幸福生活，更加热爱家乡的今天，憧憬它的明天。王亚静遗憾地说：如今，行宫前宫的正殿和东配殿已经荡然无存，只有殿前两个汉白玉砌成的六边形池，一东一西，整齐对称。

感恩这个伟大的时代，感恩家乡小汤山镇这片热土的滋养。

王亚静聊起这些年的遭遇，就会津津乐道。正是家乡小汤山的肥沃土壤，培育了她的侠肝义胆，练就她一副敢于担当的肩膀。看到社会不平事，别人受难，她敢于以一己之微力，挺身而出，彰显社会的公平与责任。

三　镜头回放，弱女子道出心声

“懦夫与英雄，凡人与伟人，就在一念之差。关键时刻，就是一步的选择。当时，我也没有想过当什么英雄、模范，获什么奖，只是这些年受党的教育，传统文化的影响，养成了自己的是非观、价值观跟世界观。”王亚静面对媒体的采访时，没有刻意隐瞒什么，也没有说什么豪言壮语。

“那天，我在和妹妹逛街时，发现一名持刀男子，很凶悍，他从布包里掏出一把刀，估计得有 20 厘米长吧，朝我这个方向跑来。与我擦肩而过，追上了前面一辆车，猛地拉开车门就一通扎。当时，我赶紧跑过去，脑子里什么也没想，就想着我要上去一步，兴许就能把这人救下来。我要不上去，估计这人肯定就被扎死了。”回想起当天惊心动魄的一幕，王亚静历历在目。

“想啥？顾不上！我什么也没有想，就飞跑过去，用力推开持刀行凶的男子。”王亚静平静地讲述那一个惊心动魄的时刻：受害人下了车，跌跌撞撞，手捂腹部，血流不止，并请求在场的人帮助报警。由于当天出门忘带手机，无法报警，而受害人伤势严重，情况紧急，我开着受害人的车直奔医院而去。路上，受害人一直说“我不行了，不行了”。我让他千万不能睡，要保持清醒。终于赶到医院了，但是被害人因疼痛下不了车。这时，我急了，大声说，“再耽误一分钟，你的生命就有危险，你一咬牙过去了，上了床，生命就有希望”。这句话起了作用，大伙一使劲儿把他抬到床上。经过两天的抢救，这位伤者才脱离生命危险。

伤者告诉他爸爸，这是给他第二次生命的人。医生说再晚5分钟，他就没救了。令人意想不到的是，行凶者的家属也到王亚静家表达感激之情，“如果没有您出手相救，对方死了，他肯定不是死刑就是无期。您挽救了两个家庭”。

王亚静说：“救人一命，胜造七级浮屠，开车回来时，我心里特别舒服。”见义勇为，王亚静并不是第一次。从勇救被殴打的小女孩，到说服持刀扬言要“捅死几个”的职工家属，再到开车逼停撞入羊群的肇事车……每每见到不平事，她都要出手相助。

除了见义勇为，王亚静的热心肠也是在村里远近闻名。眼里有着一束阳光，心里就一定十分亮堂。王亚静说，她所做的这些事都是“力所能及”的。尽管“管闲事落不是”的事时有发生，被救的人音信全无的事也时有发生，但她一点儿也不后悔。

“善字当头，把心眼儿搁正了，老天爷自会回报你。”

“好大姐王亚静的事迹在各大媒体报道，有人说她拯救了两个家庭，有人说她树立了社会主义道德新风尚，还有人说她重拾了社会良知和公信。我觉得，王大姐给我最大的感动就是，这一刻，只有向前！”这是有人在发给王亚静的微信上，说的几句心里话。

还有的网友评论道：我们每个人心中都有一份正义感，每个人都有对社会的责任。有一句话叫慷慨赴死易，从容就义难！临上法场，如阿Q般被围观的乡里们鼓噪着高喊：二十年后老子又是一条好汉！也不过是给自己留下个念想，而不敢面对危险和死亡。

网友称赞：可敬可亲的王亚静大姐，不但拯救了别人，拯救了两个家庭，还为我们树立了强有力的榜样。榜样就是标杆，榜样就是目标，榜样就是我们前进的动力！榜样的力量是无穷的，其深远的意义也是重大的。王亚静大姐用行动告诉我们：这一刻，只有向前！

平日里王亚静积极乐观，喜欢出游。她是一个心地善良、有正义感的人，看到不平的事总愿意去管，看到谁有困难总愿意去帮。在日常生活中，她是一个敢想敢干的强者。自2000年开始，她白手起家创办民俗农家院，成为远近闻名的致富能手。虽然日子富裕了，但她没有忘记自己的社会责任，她用自己的行动践行着中华民族的传统美德。

王亚静十年如一日地照顾两位孤寡老人的事迹在当地被传为佳话。孤寡老人叫王瑞河，老伴是一位残疾人。两人无儿无女，靠拾荒维持生活。为改善老人的生活环境，她自己出资为老人建了新房子，老人的吃穿用等日常开销她都全部负责。老人生病时，她更是忙里忙外，端水送饭，悉心陪护，就像对待自己的亲人一样尽心尽力。她的善举，得到了周围群众的好评。

2008年2月，王亚静还荣获2006—2007年度北京市三八红旗奖章；2011年9月，她在“我的创业故事”征文演讲活动中荣获“首都巾帼创业先锋”称号。

2014年12月，昌平区民政局确认了王亚静的见义勇为行为。她照顾拾荒老人十几年，在小汤山镇远近十里八村传为佳话。2008年，她接到父亲的电话。谈话中，父亲提到村里的王瑞河患有先天性弱视，老伴赵淑云智障，夫妻俩无儿无女，又没有经济来源，只能靠拾荒维持生计，家里又脏又乱。虽然平时没有来往，王亚静听了心里很不是滋味。她和丈夫商量，把两位孤寡老人接回了家。

“她把王瑞河照顾得可好了，穿得特别干净。三顿饭不重样。奶老喝着，点心老吃着。”王亚静的善行让村里邻居心生敬佩。

邻居赵大爷说，去接两位老人的时候，王瑞河家的院子乱得都进不去人。王亚静把脏旧的衣服都扔了，全都给老人买了新的。

2009年，王亚静和丈夫花费30余万元，将王瑞河的老屋翻建成一个四合院，除去老两口住的房间，其余房间全部出租，收益用于老两口日常开销。2011 年，赵淑云去世，担心王瑞河一个人孤单，王亚静又把他接到家中一起生活。

同村的乡亲们常聊起来这事，都说王瑞河有福气，“一般有儿女的又怎么样，也就是到这种程度”。

北京榜样颁奖词：白手起家，不忘邻里，危急关头，挺身而出。如果不是你勇敢出现，那一天将要发生一起惨案。如果不是你及时出手，那一刻，将有两个家庭遭遇劫难。短短瞬间，却尽显人性光辉，恨与爱，因你转变。

王亚静说：“我做的都是力所能及的事，别人有困难时你去帮扶一下，当你遇到困难时也会有人帮忙。以爱之心做事，以感恩之心做人，善字当头命运自会有回报。”

随着“北京榜样”典礼的落幕，王亚静的事迹也成为街头巷尾津津乐道的话题。普通人身上那种见义勇为、无私奉献、勇于担当、敬老孝亲、诚实守信、自强不息的“闪光点”也不断地照亮着我们，引领着社会与“北京榜样”“对焦”。这种“对焦”，就是要查找我们思想和行为的不足，补齐我们道德的短板，把道德的真善美要求真正落实到行动中。

习近平总书记曾谆谆告诫，干部的党性修养、思想觉悟、道德水平不会随着党龄的积累而自然提高，也不会随着职务升迁而自然提高，而需要终生努力。我们每一位公民思想道德水平的提高绝不是一蹴而就的，而是存在一个潜移默化、不断提高的过程。

道德的提升受家庭、学校、社会及个人努力各方面因素的影响。尤其是在当前市场经济发展的大环境里，物质财富的极大丰富，伴随精神世界形形色色的诱惑。《荀子·礼论》中说：“人生而有欲，欲而不得，则不能无求。求而无度量分界，则不能不争；争则乱，乱则穷。”面对

"财色名利"的诱惑，做一时的"柳下惠"易，禁一世难矣！

然而，"北京榜样"们做到了。他们作为我们身边的普通人，也许就是我们每天进出小区经常见到的那位，这种身边人、身边事带给我们的精神震撼和道德洗礼更强烈。

有人写诗赞道：

千万人中你很平常，
你我常走在同一条街巷，
这生活因你淡妆清香，
这古都因你浓墨飞扬。

千万人中你很平常，
你是我的邻里街坊，
你的智慧闪耀着，
生命中幸福之光，
你的爱心传递着，
平凡中伟大力量。

啊，北京榜样
你就在我们身旁，
没有勋章也一样闪亮，
没有光环也温暖四方，
这就是平凡中的伟大力量。

我们倡导，与"北京榜样""对焦"，及时掸去思想"灰尘"，驱散心灵"雾霾"，祛除陈规陋习，弘扬社会主义核心价值观，下一个"北京榜样"，就是我们身边的你！

我们礼赞"北京榜样"，我们礼赞时代楷模，我们礼赞这个伟大的时代，我们礼赞伟大的祖国！我们礼赞我们脚下的土地！其实，我们更应该礼赞那些默默无闻的你、我、他，礼赞我们的亲人和朋友。

只有爱心一片，才能心有阳光。

京北女杰王亚静，就是这样的榜样！

商海巾帼

——记诚实守信的女企业家 肖英

刘俊杰

人物简介：

肖英，女，1962年8月生，北京华冠商业科技发展有限公司总经理。从商30多年，她信守“诚信为本，服务至上”的理念，持续开展“连锁店铺无假货”活动，投资建立检测室，带头与消费者协会签订《先行赔付有保障协议》，发起成立房山区食品安全企业联盟，带头推行无障碍退换货，赢得了顾客的信任。

一 解读华冠成功的秘诀

现代商战，不亚于一场没有硝烟的世界大战。大到影响世界格局的中美经贸摩擦、欧美商战等；小到国内的电商与传统商业经营模式的较量，可以说，商战无所不在。成功的企业家、商家，他们成功的经验，不仅要考虑自身利益，还应更多地考虑他人的利益和社会责任，才能做到双赢，共谋发展。北京榜样肖英倡导的经营理念：只赚商品八分利，周全顾客一片心。

俗话说："百姓早起开门七件事，柴米油盐酱醋茶。"老百姓最关心的事，就是社会最重大的问题，解决好这个问题，才是根本。北京华冠商业科技发展有限公司（以下简称"华冠"）副董事长兼总经理、党支部书记肖英深谙此道，她自1995年在房山一个240平方米的小超市创业时，就明白这七件事在百姓生活中的分量。她秉持着这样一个信念：永远对得起顾客辛辛苦苦挣来的每一分钱。

走进北京房山区华冠的任何一家超市，都能看见在肉蛋奶菜果等生鲜类食品柜台附近，挂着一块每天更换的价格表，列出当天北京市价格监测中心蔬菜参考价和华冠菜价，十几种主要蔬菜价格华冠都会比参考价便宜20%～40%。再细心查看酱油、醋等常用调料品的价格，会惊奇地发现，这里比一般市场价格便宜三分之一左右。

早在公司成立之初，肖英就定下了民生商品八分利的经营承诺，只要是老百姓日常生活用品，华冠平均每件只赚取8%的毛利，给顾客多一些实惠。为了减少生鲜类食品的损耗，肖英先从管理机制入手整改，实行每月一次"红黄绿三色"店长考核制度：红色代表包括销售额在内的各项指标不合格，要被通报负激励；黄色代表有瑕疵，稍加整改就能达到规范要求；绿色代表安全，各项指标都达标。得到绿色评价的店长中，排名靠前的每月都能获得奖励。

华冠购物中心超市店长还有妙招：在货场自制大型宣传牌，上面有自己怀抱一捆芹菜的照片，头顶上写了一句暖心的话："亲爱的员工们，请你对我们的商品，像对待婴儿一样爱护。"很多顾客看了这个大牌子，也小心翼翼地挑选蔬菜瓜果。

开连锁店最省事的是"引厂进店"，向各厂家出租柜台，坐收租金和管理费，而对商品怎么定价，几乎不用管。华冠开始也试着这么干，一段时间后，肖英发现不少顾客只看不买，早上本该是卖菜的最佳时间，却经常冷冷清清。肖英一打听，才知道很多人坐公交车跑到更远的农贸市场去采购了。她想，顾客进店不只看你楼有多高，装修有多豪华，也不只看你牌子有多响亮，还要看你懂不懂珍惜他们兜里的每一分钱。商家只有懂得顾客的每一分钱都是血汗钱，他们才会认可你。

2006 年，针对顾客的消费情况，肖英和公司管理层决定：清退生鲜类食品租出柜台的厂家，全部改成自营。他们先后成立生鲜商品事业部和生鲜配送中心，招聘了 50 多位采购员、配送员，每晚 11 点多奔赴批发市场或田间地头，跟批发商或菜农讨价还价，凌晨四五点在物流中心分拣完新鲜的农产品，早上六七点直接配送到各门店。

这个重大决策，直接把生鲜类食品质量控制在自己手里，虽说付出了许多的辛劳，增加了成本，可在销售链条上，却大幅度地降低了成本和售价。

此后，华冠做过一个调查，更加坚定了肖英的决心：每天走进华冠各门店的顾客，60%是冲着生鲜柜台去的。这之后，华冠年销售额逐年增长，2017 年达到了 50 亿元，直营门店近 80 家，提供就业岗位 1.3 万余个，成了北京西南地区的一颗迅速崛起的商业明星。

肖英一有时间就巡店，跟顾客闲聊，了解顾客的需求。有一天，一位老顾客拿起一袋面包问肖英：“你们商家和厂家，会不会把过期的面包，又拿到货架上卖呢?”肖英知道，面包从出炉到保质期满最多也就一周，在卖场销售的前四五天最新鲜，过后就得退回厂家。

肖英说：“对过期食品我们绝对零容忍!”但心里也嘀咕：退回厂家的面包，会不会改头换面又送回来呢？她带着顾客来到了库房，果然，一些保质期满的面包堆在那里，等着退回厂家。肖英叫来几个员工：“把这些面包都碾碎了!”面包成了碎渣后，肖英对店长说：“以后凡是过期面包，全部碾碎再送走。”肖英还和领导班子决定，开发保质期预警系统，把监测临界点设在距保质期还剩20%的时间范围内，每天预警临近到期商品，并在卖场最显眼位置，设立“临期商品专区”，标上较低价格提前出售。

肖英说：“华冠销售的食品要绝对安全，不能有一丝马虎，必须做到公开、透明，把每一件商品都明明白白地告诉顾客。临期商品专区要一直坚持下去！”

华冠规定：食品过了保质期五分之一的一律不收货，销售时过了保质期三分之一的打折售卖。华冠食品安全管理流程成了一个创举，得到了北京市市场监督管理局、国家食品药品监督管理总局的认可。

作为一个企业家，不能只顾眼前利益，要胸怀天下，不能只为一己私利经商赚钱，要有大视野、大格局。

几年前的一个秋天，内蒙古土豆大丰收。可肖英得到消息：土豆的大丰收反而造成了“滞销”，土豆批发价格一再下跌。很多农民一算账：80元雇一个短工挖一天土豆，加上成本和存储费，大大超过批发价，不如让土豆烂在地里沤肥。

内蒙古属高寒地带，寒气来得早。如果没人去地里收购土豆，农民一年的汗水就白流了。当时，肖英打电话给生鲜采购经理：“你立刻带几辆货车，连夜去内蒙古收土豆、拉回来。咱们华冠各店要打一场支援内蒙古、卖爱心土豆的大会战。”

这年国庆节，华冠卖了30多吨土豆，最后一算账，利润微乎其微。在有的人眼里，肖英这笔买卖费力不赚钱，是自讨苦吃。肖英却认为，利润和社会责任是企业经常要算的两笔账。赚钱很重要，但唯利是图就是算小账；承担社会责任有时不赚钱甚至经常不赚钱，但这是责任账，也是经济大账。

肖英的大账从房山区算到了全国。一场暴雨过后，房山区葡萄吃水过多爆皮了，拉到华冠急卖；昌平区的苹果不好销，华冠立即伸手采购助销。只要是扶危救困、对口帮扶，肖英都有求必应。2018 年 11 月，由中国连锁经营协会（CCFA）主办的“CCFA 新消费论坛——2018 中国全零售大会”上，华冠获得了改革开放 40 年连锁经营长青奖，肖英也荣获了“金牡丹奖”。

为了降低企业成本，必须开源节流。为此，肖英决定先节流。在每一间办公室、每一处库房的电灯开关处，都贴有“节约用电，随手关灯”的标志；公司总部搬到了房山区城边的一处平房院里办公，把更“值钱”的办公用房，留给公司当卖场。2001 年，推行无纸化办公时，肖英坚持要求一些普通员工都学习使用电脑，从而减少纸、墨盒等耗材的使用和打印机、复印机的损耗。

生鲜货品的损耗更让肖英心疼。有的采购员和售货员上菜的时候，扔来扔去像是扔皮球，再加上一些顾客的拣选，一天下来生鲜货品损耗很大。肖英先从管理机制入手整改，赏优罚劣。

为了让消费者放心，华冠制订并执行了一套独有的食品安全管理流程，并同房山区消费者协会签订了《先行赔付保障协议》，保证消费者购物零风险，并缴给房山区工商局 2 万元先行赔付基金。诚信做人、诚信经营是华冠做生意的根本。

一个个诚信之举，赢得了顾客的心，也锁定了他们购物的脚步。华冠现有近百万名忠实会员，连续 5 年被北京市工商局 12315 评选为“绿色通道”优秀企业，获得北京市技术质量监督局、工商局授予的“购物放心店”和“无假冒商标示范商场”称号。

在有的人眼里，这样做买卖费力不赚钱，是自讨苦吃。肖英则认为，“企业利润和社会责任是经常要算的两笔账，虽然赚钱很重要，但是如果唯利是图就是算小账，做企业必须要算大账，要有担当有取舍。只有消费者依赖，企业才有价值。”

作为一家扎根区域的零售商，不论外部环境如何变化，肖英带领着华冠人，用自己特有的打法，在赢得消费者的同时，也赢得了企业持续二十余年的稳步发展。

肖英说："获奖既是对过去的肯定，也是对未来的期许。在前进的道路上，既有机遇，也有挑战。我会一如既往地开展诚信经营，认真发展好企业，在商海转型的浪潮中，展现华冠作为。"

二　经营理念的优劣，决定商业企业的成败

与其他企业的经营理念有些不同，肖英对顾客的理解很独特。对于老顾客，肖英要"让老顾客越来越离不开你"，而对于新顾客，则是"让新顾客一下子喜欢上你、黏住你"。为此，华冠公司率先组织成立房山区食品安全企业联盟，每年国际消费者权益日（3月15日），对社会公开承诺"无障碍退换货"。

那年，因为一个谣言，全国很多地方出现了"抢盐风波"。而在肖英的坚持下，华冠超市作出了不涨价、不断货的承诺。谣言风波过后，华冠又无条件为顾客退货。这在当时，引起了华冠公司内部一些领导和员工的异议。但肖英认为，经营一个企业，挣钱虽是第一位的，但不是唯一的目的。肖英说："挣昧心钱，发国难财，是最大的失信。一个企业失信于民，就很难再有发展。"肖英说，华冠以"购物零风险，售后有保障"为座右铭，让百姓能够体验到"华冠无假货，件件都放心"。

无论是最初经营小超市，还是之后涉足百货业，在商海打拼的肖英始终坚守着"八分利"的经营承诺，不管什么样的商品，华冠平均每件只赚取8%的毛利。秉承"为顾客节省每一分钱"的经营理念，宁愿自己少赚点儿，也要多给消费者一些实惠。针对一些假冒伪劣产品在农村盛行的情况，肖英主动承担起"万村千乡市场工程"的试点任务，开始在北京农村拓展华冠益佳加盟店，为农民提供质优、安全、放心、价廉的商品

和服务。“诚信比赚钱更重要，生意人更应讲诚信。”这既是肖英的口头禅，也是她的“生意经”。

秉持“诚信经营”的精神，肖英从 62 名上榜人物候选人中脱颖而出，荣获 2015 年度十大“北京榜样”，她以自己的实际行动传递着“诚实守信”的榜样精神，诠释了北京品牌的内涵，用多年心血谱写出生意人的“诚信经”。

童叟无欺，诚信待人，是华冠人追求的做人根本。无信不立，业无信不兴。作为华冠的带头人，肖英坚持靠诚信渡难关、解难题，以诚信赢顾客、聚人气，用诚信谋经营、促发展，助力北京华冠商业越做越好、越做越强。这种经营方式，不仅让公司不断发展壮大，更赢得了老百姓的信赖和认可。

诚信，就是把承诺放在心上，把质量举过头顶，把责任扛在肩上。2007 年，北京市商务局联合房山区商务局和商联会，对北京华冠商业加盟店开发项目进行评定和审核，为华冠授予“京郊农村现代流通网络建设示范单位”的称号。这么多年来，肖英始终把依法纳税作为自己的重要职责和企业的荣耀，华冠连续 7 年被北京市国税、地税部门评为纳税 A 级企业。

肖英用诚实守信这把“金钥匙”，打通了制约企业发展壮大的瓶颈。虽然重诺守信有时也给华冠带来一些利益损失，但却换来了近百万名的忠实会员，换来老百姓口口相传“华冠重承诺、守诚信”的好口碑。

2018 年 9 月 28 日，在北京华冠公司成立 20 周年庆典上，伴随着签约代表——华冠总经理肖英、京东到家总裁王志军的落笔，华冠与京东正式走出“隐婚”阶段。双方关系的明朗化，意味着华冠在发展社区商业和 O2O 方面揭开新篇章。

华冠人的大手笔，在于谋求商业零售，调整发展战略，加强社区商业成为新方向。在此次会议上，肖英坦言：“我们接下来要做的，一是在各乡镇和大型社区，开设万平方米以上的社区商业中心。二是打造一刻钟服务圈新模式，同时与符合社区生活需要的各种业态跨界组合，在新型社区开设华冠生活街。

最后华冠将投资1亿元，建设生鲜冷链加工物流中心，做强做大生鲜产品销售。”

在华冠公司成立20周年庆典上，肖英向SPAR、中国连锁经营协会等零售行业人士、华冠股东、消费者代表、供应商代表、媒体朋友等社会各界代表报告了华冠的下一步工作计划。

华冠在全国乡镇开设的首家店铺——房山区窦店镇华冠生活购物广场，作为一家一万平方米的镇域商业中心，已实现年销售额1.1亿元。

华冠的此举，意在抗击因世界经济发展萎靡，少数国家贸易保护所带来的经济下行压力。自2013年以来，受到经济世界下行大环境的影响，零售企业的销售额增长缓慢，利润空间减少，租金成倍上涨，人工成本上涨10%。肖英指出，消费者的消费观念、购买渠道、消费方式、支付方式等方面的变化将给零售业带来巨大的变化！

肖英表示：“‘以消费者为中心，顾客在哪儿，华冠就在哪儿’是我们的经营理念。”面对变化中的消费者，肖英倡导，我们将通过应用大数据等科技手段，对顾客进行细分。从经营商品到经营顾客的日常生活上转变，做到精准定位，为消费者提供个性化、差异化的商品和服务。

肖英透露，未来华冠要用新模式和新思维指导经营。新模式就是携手、跨界和共享；新思维就是以消费者为中心。在肖英看来，以“产品为中心”的商品短缺时代已经彻底结束，将被“以个体顾客为中心”的“全渠道消费体验”所取代。华冠要围绕“顾客在哪华冠就在哪，开展多种业务组合，满足消费者的各种生活需求”。

此外，华冠还探索O2O，携手京东到家，共谋发展。“互联网冲击的不是实体零售，而是传统的销售模式。”为了顺应时代的潮流，肖英指出，未来华冠将“做强线下，携手线上”。华冠在2013年就开始进行电子商务的尝试，深入O2O战略布局，探索构建多渠道销售体系。

携手京东到家，华冠将凭借在北京房山拥有的地域零售优势，拓展零售超市的服务半径，促进线下零售实体快速完成O2O的转型，共建线上、线下多元化，全渠道新模式，更好地服务消费者，实现多方共赢。

商界业内人士认为，京东在物流方面有着独特的优势，京东到家更是致力于打造生鲜O2O，携手京东，对华冠来说有利于降低社会物流配送成本及保障生鲜商品品质，同时也能满足消费者更多的需求。

对于实体零售的转型，华冠公司董事长张兵认为，“互联网时代不是实体店的消亡期，而是调整期、转型期，经过一轮调整，淘汰的是那些不适应市场竞争的企业，留下来的企业将会释放更加旺盛的生命力！”

与会嘉宾赞誉：作为中国零售业的第一批超市，华冠从在北京市房山区开设第一家自选超市，发展到拥有多家购物中心和连锁超市的大型商业公司，从最初百余平方米的营业面积、百万元的年销售额，到如今以房山为中心，以丰台、亦庄、河北涿州为辐射的战略格局，年销售额30亿元的业绩，成绩斐然。

20多年间，华冠以食品加工、生鲜自营为主要业务，采取“农超对接”与基地直采的方式确保产品新鲜、平价的优势。双赢的理念也获得了在场嘉宾的赞誉：华冠不断创新经营模式，在零售连锁的基础上，不断扩大经营业态。在发展过程中，华冠不断打造具有国际化特色的华冠购物中心，区域性购物娱乐为一体的华冠天地，以社区服务为主要功能的社区超市、便利店，实现了产业链的构建和品牌的升级。

在尝试新的发展渠道的同时，不断引进国际先进的经营理念和模式。引进国际先进的连锁机构SPAR，引入国际化运营标准与管理理念，打造连锁经营运作新模式。

华冠20多年的发展，见证了中国现代零售业的发展与变革，它的成长历程与中国零售连锁业的发展是一致的。

三　不断调整商海经营策略，适合市场需求

尽管区域连锁被看作实体零售触网相对容易的一个切入口，但这条路依然任重道远。在前些年发展的进程中，华冠人员调查发现，这条路并不是一帆风顺的，而是有起有落，波浪式发展：华冠在京东开设的“华冠生活在线”店面，就经历了这样一个痛苦的过程。

在入驻京东之前，华冠曾在淘宝上开店，但仅在半年后便悄无声息地结束了。尽管华冠方面表示：下线是因为合同到期，页面和品类完善后会再次上线。但深谙此道的华冠商业电商负责人赵建军认为，“导致这种结果的原因是多方面的，在京东运营一年多，订单量也不是很多，但线上是华冠构建全渠道的一个重要方面，不会放弃，将以自建O2O的方式重新启动电商”。

《北京商报》记者在报道这一现象时发现：华冠在京东开设的“华冠生活在线”单击“进入店铺”后显示，“你请求的地址已经下线或者过期”。此时，距离店铺开业仅一年时间。2018年4月，华冠与京东签订了O2O战略合作意向协议，进驻京东平台销售商品并由京东负责配送。怎么在这么短的时间，就会出现此种意想不到的结果？这是继关闭淘宝店后，华冠再次关停线上渠道。据其介绍，华冠淘宝店只是试水，运营半年就关闭了。

2018年8月，即“华冠生活在线”上线3个月后，《北京商报》记者观察到，订单寥寥无几，多数商品还是零销量。赵建军介绍，刚开始的几个月确实没有什么销量，但运营的后半年可以达到30单/天，尤其是做促销的时候。

看到这种情况，肖英十分着急。她立即召开相关人士座谈，找原因，定措施，准备重新上线。

实体零售布局线上渠道，在平台搭建、技术维护、运营管理方面成本巨大。华冠与京东的合作在当时被看作范本案例。不过从一年的运营来看，背靠大树并不能总是无忧乘凉。

据《北京商报》记者了解，“华冠生活在线”物流费用就占到利润的8%，此外还有平台运营费以及京东3%的提成，一般实体零售的毛利在10%，整体的运营成本并没有因为省去店铺租金而带来更多的盈利点，甚至还不如实体店的表现。

赵建军透露，由于京东系统并没有实现对门店的对接，因此库存实时监控、订单实时到店都没有实现，门店送货也就无从谈起，这直接影响了华冠以生鲜类打头阵的计划，而饮料、洗化用品的销量更好一些。

得知这些原因，肖英果断决定：市场变，我变。企业及时调整经营策略，取长补短，变短板为长板。在京东平台运营一年后，让华冠对电商方面的战略更加清晰。华冠利用自己的微信平台建立“花粉商城”，在这个平台上，除了超市品类，华冠自营的百货类商品，也将加入线上线下联动。在华冠内部，电商是一个“创意尝试”的部门，赵建军表示，“对电商的探索投入很大，华冠作为一个中小型连锁零售商，可能没办法像大润发一样一年几亿元的投入，但不可能不进行尝试，会在可控范围内做互联网的探索”。

华冠大胆尝试，勇于创新，在其“华冠商业”的公众号里，和消费者互动进行先期的预热和培养，公众号里“周一1元抢”的活动提供的5000件商品，几乎三四分钟就会被抢光，90%以上的顾客都会到店，领取商品并进行其他消费。不过，赵建军也坦承，“目前微信所做的更多是营销活动，为门店做引流”。

据《北京商报》记者了解，华冠在京东平台的店面作为品牌推广的一个出口会继续保留。华冠实体店会员消费者年龄多在35～40岁，O2O平台会更多针对18～35岁的区域性消费者，未来也会在线上投放特定的商品。

华冠真正地做到了搏击商海，敢于尝试，不断创新，及时调整经营理念和策略。如今的北京华冠商业已经发展成为拥有70家连锁店、11000多名员工的大型连锁企业，位列中国连锁百强第83位，是目前北京地区功能最全、专业化程度最高的大型物流中心之一。

坚持诚信经营换来了华冠商业的蒸蒸日上，肖英也获得了"全国三八红旗手"称号、北京市"巾帼建功"标兵等多项荣誉，更荣获2015年度"全国道德模范提名奖"，被评为十大"北京榜样"。肖英说，荣誉只能代表过去的成绩，她要以此为契机，带头将诚信传承，继续以自己的行动带领华冠诚信经营，服务百姓，对消费者负责、对员工负责、对社会负责，为民族零售业的腾飞作出贡献。

四　创新企业文化建设，引领企业不断发展

2015年12月28日晚，由北京市委宣传部、首都文明办主办，北京广播电视台、北京人民广播电台、北京电视台承办的"2015北京榜样"颁奖典礼如期举行。华冠商业总经理肖英女士经过层层选拔，从62名候选人中，秉持"诚信经营"的精神，脱颖而出，荣获2015年度十大"北京榜样"!

"北京榜样"人物事迹涵盖了助人为乐、见义勇为、诚实守信、敬业奉献、孝老爱亲、热心公益、自强不息等类型。通过层层举荐、周周上榜、全媒传播，在全市宣传树立了一批"崇德向善，奋发向上"的榜样人物。肖英女士凭借"待人以诚，经商以信"的原则，诠释了北京品牌的内涵，以独有的霸气，弘扬传续"重诺守信"的中华美德！在"2015北京榜

样”颁奖典礼现场，肖英接受主持人春妮采访时说道：“作为一名商业企业零售人，能够站在北京榜样的舞台上，感到光荣与自豪的同时，更有责任让‘诚实守信’这个优良的美德传承下去，用实际行动，带动整个行业，进而影响全社会！”

在颁奖典礼现场，首农集团董事长张福平为肖英颁发了“北京榜样”奖杯和证书。主承办单位及参与单位相关领导和首都各界群众代表近400人观看了颁奖典礼。颁奖典礼通过视频短片、故事讲述、现场采访等环节，生动地再现了十大“北京榜样”和特别奖获得者的榜样事迹，真挚的话语、感人的场景，深深地感染了现场观众。“北京榜样，平凡中的力量。北京榜样，就在我们身旁！”肖英在接受北京电视台的采访中说道：“做生意除了要算清楚金钱这笔账，更要算清楚诚信这笔账！”肖英的话，体现了华冠公司的诚信经营的精神，展示了华冠人独特的精神风貌！

对于华冠来说，这注定是一场生死巨变的开始。

肖英认为，作为企业，应该有所担当，心怀天下，全面落实党中央的扶贫政策，全面建成小康社会，一个都不能少。那年8月，肖英看到消息：河北省张家口张北县出现了菜滞销的现象，由于当地菜品产量较高，又遇到多雨天气，各地采购商家不能及时采货，致使近2000户菜农面临“卖菜难”的问题，若失去了销路，那就等同于断送了他们的经济来源，广大菜农已心急如焚。翌日，华冠公司的领导召开紧急会议，决定第一时间安排生鲜部采购经理张雄赶赴张北县蔬菜产区，对滞销菜进行直接采购。

菜农们看到华冠的扶贫落到了实处，看到了脱贫的希望，眉头紧蹙的脸上，立刻露出了灿烂的笑容。华冠公司在本次直接采购中，共采购了圆白菜10吨，经过精挑细选的圆白菜，直接配送到了华冠超市全系统门店进行销售。

同月 25 日，肖英在网络上得知：内蒙古赤峰市宁城县发生了西红柿滞销的现象，菜农们种植的西红柿由于成熟期短、种植面积大及采摘后不易保存，已经有很多西红柿开始腐烂。为了能够尽快解决当地菜农的“卖菜难”问题，华冠再次派公司的采购经理张雄抵达宁城，直接采购西红柿 12 吨。华冠公司的直接采购可谓是雪中送炭。自 2006 年起，华冠公司就开展了生鲜自营，在全国各地建立了采购基地，并在河北、河南、山东、内蒙古等地，多次进行滞销菜直接采购，帮助菜农千余户，不仅为当地菜农解了燃眉之急，保证了菜农们的收益，同时也为华冠的顾客提供了高品质、低价格的放心菜。

大数据、云计算、“互联网＋”，成为华冠商业决策的数据支撑，为此不仅赢得了经济效益，还带来了丰厚的社会效益：华冠商业举办的隆重表彰大会，就突出地证明了这一点。会上副总经理张建东宣读了表彰决定。本次表彰大会共表彰 32 个先进集体和 271 名先进个人。

华冠公司董事长代表公司董事会和管理团队，向受到表彰的先进个人、集体以及为华冠事业辛勤付出的全体华冠员工表示最衷心的感谢，对大家取得的成绩及获得的荣誉表示热烈的祝贺！向默默支持他们工作的父母、妻子、丈夫、孩子等家人致以亲切的问候和崇高的敬意！

华冠公司董事长说：这些受到公司表彰的先进个人、先进集体，他们是在公司经营发展过程中涌现出来的精英，他们是全体员工学习的楷模和榜样。公司要大力宣传他们的先进思想和模范行为，影响和带动广大员工，在全公司倡导并形成学习先进、争当先进的良好风尚。同时，希望所有受表彰的先进个人珍惜荣誉，戒骄戒躁，再接再厉，继续发挥骨干、先锋和表率的作用。

华冠公司董事长表示，商海浮沉的年轻人一定要认清现在的形势，看清市场变化，否则在不知不觉中，就会有人跑到我们前面去了，居安思危，应该清醒地认识到公司目前存在的问题、差距和面临的严峻形势。所以，每一位华冠人，都要做好第二次创业的准备，这也意味着每一个人都有机会，只要想清楚事儿，看清楚路，知道自己具备什么样的条件，然后找到适合自己的位置，就能够在华冠这个大平台上，干出一番属于自己的事业。

总经理肖英现场发表了“感恩——我们一起出发”的主题演讲，感恩顾客、感恩供应商、感恩员工、感恩管理层、感恩股东，感谢大家多年来对华冠公司的信任。肖英跟大家分享了外行心态、地板心态、挖井心态，以及学习的能力之后表示：实现工作目标，才是最好的承诺。

商业的发展永远在路上，不进则退。会后，华冠商业公司总经理肖英、生鲜事业部经理李征，马不停蹄地赶到琉璃河镇东南召村，在房山区相关领导的见证下，与龙乡腾飞农民联合社签订了战略合作协议。华冠总经理肖英表示，华冠商业将与联合社共同做好以下四方面的工作：首先，在华冠超市可以买到房山农民自己种出的放心菜；其次，努力将房山菜推出去，走向全市乃至全国市场，让房山菜成为农产品领域的知名品牌，成为房山区的又一张名片；再次，华冠商业和龙乡腾飞联合社携手，让广大消费者买到新鲜、绿色、物超所值的农产品；最后，通过不断创新，培育出更多有机、无公害的新品种，让房山区的菜篮子更丰富，市场更广阔，从而带动更多的农民富裕起来，为推动“新城、新业、新生活”，全面提升“一区一城”新房山建设作出更大的贡献！

为了让公司各级管理人员快速了解《中华人民共和国消费者权益保护法》（以下简称《消法》）的内容，守法经营，提高自律，切实保护消费者的合法权益，公司开展了一系列活动。一是参加北京市商业联合会组织的新《消法》专题培训课。二是组织召开管理人员新《消法》培训大会，对照分析新旧《消法》，结合公司近两年投诉热点、难点案例，对新《消法》实施后可能出现的问题进行讲解。三是通过自媒体微博、微信、官网，以及内刊、宣传栏等多种渠道，对新《消法》进行解析。四是在“3·15”

当天，与区消协一起，组织纪念“3·15”国际消费者权益日专题活动，开展消费者教育宣传，发放宣传品上万份，并倡议环保、低碳、节能的新生活方式。

为了全方位服务消费者，华冠企业自2013年以来，每年元旦都推出40小时不打烊的大型促销活动，既满足消费者跨年夜、迎日出的愿望，又创造新的商机。2018年元旦，当日销售额过亿元。这种大手笔的创新营销模式，释放了消费者巨大的消费潜能，增加了消费者与华冠的黏合度。

第一，华冠商业拿出2000多万元，推出了“最佳顾客营销”——集齐印花，免费送高品质厨房用品的活动。此项活动持续了全年，值得注意的是，赠送的产品品质独有，渠道独有，在其他地方买不到。因此，这项活动对消费者有巨大吸引力。

第二，华冠商业为了满足顾客午间的就餐需求，尝试与餐饮公司合作，把超市当成了后厨，开出了餐饮品牌，受到了消费者的好评，也实现了销售额的增加。通过这样的创新营销，华冠商业成了消费者口中的热点话题，提升了企业形象和品牌知名度。

华冠，寓意深刻，即中华之冠。其商业模式、经营理念能够从众多优秀商业企业中脱颖而出，也是华冠商业顺应新的市场需求，顺势而变，勇于变革，积极转型，不断创新的最好体现。

救助贫困是中华民族传统美德，也是华冠公司一贯的经营理念，经公司董事会研究决定，“华冠商业爱心基金会”于2014年6月11日正式成立，并进行了多次募捐活动。

华冠商业爱心基金会会长、公司董事长张兵发表了重要讲话：华冠商业的核心价值观第一句话就是“关爱员工”，华冠爱心基金会以献爱心，助特困为宗旨，弘扬华冠人团结、互助、互爱的精神，资助贫困职工和家庭，帮助他们克服困难，摆脱困境。让他们知道“华冠人永远在一起”，小家有难，大家帮忙，一方有难，八方支援！真正把关爱员工落到实处。

华冠董事长张兵表示：华冠商业爱心基金会的成立，将引领华冠的各位员工，争做一个有爱心、有同情心、有奉献精神的人。让华冠人以这次活动为契机，将爱心传递下去，让希望的种子在每一位华冠人的心中生根、发芽，让充满爱心的花朵永远在我们华冠商业中绽放。

五 “三生一世”只为让消费者“日久生情”

对于位处北京西南部地区、永定河右岸的很多房山人来说，“华冠”就是超市的代名词。消费者主权的时代，虽然房山区入驻了众多连锁超市，但作为一家本土零售企业，华冠人气一直都很旺。随着中国经济和城镇化的更大发展，电商冲击、成本上升、模式老化使得百货零售业竞争不断加剧，众多超市都难现昔日荣光，华冠凭借的是什么样的力量能做到逆流而上？

作为华冠这艘“房山区零售业的航母”的掌舵人，肖英在谈笑间，化去了企业发展中遭遇的无数困难，成就了华冠销售额的稳定增长和企业的稳健前行。

她专注零售业 37 年，见证并亲历了首都零售商业的发展变迁，一个有着爱心、浪漫主义情怀的女企业家，用智慧和魄力引领着勤劳的华冠人，继续在发展中创造佳绩。

谈到华冠的发展、行业的趋势，她有独到的见解：“先生活，再生态，才有生意。”

华冠是一家深耕于北京西南区域市场的商业企业。从成立之初，就把“华冠永远对得起您辛辛苦苦挣来的每一分钱”作为企业的经营理念。“给消费者家的感觉”是所有华冠人坚持不懈的追求！华冠是在房山区第一个开超市的，是第一个在超市里经营生鲜类产品的，是第一个创建会员卡制度的；是第一个在全国将肯德基、星巴克引入乡镇的；也是第一个将餐饮引入百货商场的。

一位名字叫“百米外的春天”的粉丝，发过这样一条微博：“作为一个在房山长大的孩子，最信赖华冠购物中心，记得上大学那几年，放假回来第一件事，就是跟妹妹一起，拿着奖学金去华冠买衣服！现在在朝阳区工作，每次逛商场时都很难找到逛良乡华冠购物中心那么开心的感觉！真心希望华冠以后也向东发展。华冠这么靠谱，无论开在哪里都一定能吸引住顾客。我现在觉得，华冠不仅是超市，是商场，更是我们房山人的情怀，看到华冠门店就有家的感觉。”

虽然纵横商场多年，但肖英的决策却很少靠经验，而是靠调查数据。华冠的会员调研数据显示，如果从家到商店仅用时五分钟，80%以上的会员用户便不会在线上购买商品。“这就是机会，华冠要填补这个‘空白’，为更多的社区居民提供便利服务。”

真正解决消费者生活问题的业态不是综合体，也不是大卖场，而是离他们最近的楼下店铺和小区门口的超市，肖英认为，“谁把握住社区，谁就掌握了老百姓的菜篮子、米袋子”。

在华冠的门店中，生鲜部是重点部门，生鲜商品为门店增加高达60%的客流量。因为生鲜类商品是顾客购买频率最高，与消费者日常生活关系密切的商品，顾客常常会把超市是否经营高质量的生鲜类商品作为选择购物场所的重要标准。“生鲜类商品具有强大的集客功能，能定期、长期地吸引客源，使之养成经常光顾的习惯。”

尽管生鲜类商品是超市的吸客利器，但较高的损耗和较低的毛利却也是很多超市很难解决的痛点。肖英的方案是先从调动员工的积极性上着手。肖英告诉记者，“华冠的生鲜类商品的损耗率控制在3%～5%，推行合伙人制度后，毛利率水平提升了2个点”。

消费者首要的就是食品安全，“所以，我们的生鲜类商品全部自营，从基地采购，为顾客把好安全关、质量关”。

已经年过半百，在商海大潮的风风雨雨中打拼大半生的肖英深知，随着零售业步入新时代，零售商与消费者触点增多、触面增大，建立更加紧密的情感链接，首先要为消费者的生活提供便利，不断为其提供生活需求的解决方案，推广需求引领的新模式，最终带来消费者获得感的提升。“新时代的零售业将给予消费者极致的体验，使得购物从物质的满足上升为心理的满足。其实，这几年也有不少同行进入，但我们的业绩一直平稳上升！我想，这是因为20多年来，我们的门店开进乡镇、社区，老百姓每一天的生活所需都能在这里解决，我们与房山人民心贴着心，也许这就是日久生情吧！”

肖英不仅是太行山的女儿，也是拒马河、永定河的子孙。对于自己生存的环境，她格外关注。她说：“关于生态，我理解为和谐有序的良性发展。作为一个有胸怀、敢担当、负责任的零售企业，不能什么都瞄在利上，要有担当、有取舍。”

“企业的发展与国家的命脉息息相关，没有国家的利好政策、没有社会的大好环境就没有企业的良性发展，承担社会责任，是华冠义不容辞的责任。”20多年来，华冠用行动诠释为民、便民、利民的责任和担当。

2011年，全国陷入了抢盐风波，有的超市把每袋盐涨到了30元一袋，华冠坚持每袋盐1.80元，一分钱不涨。

2012年，“7·21”特大暴雨，房山遭受了百年不遇的洪灾，华冠组织员工冒着生命危险，连夜送出了48车物资，48小时之内在灾民安置点开出一家便民店。

2016年，“7·20”特大暴雨，京港澳高速阎村路段护堤坍塌，造成京港澳高速部分路段拥堵，很多车辆被困在半路上。而华冠却能在不到

50 分钟的时间里，将 1250 份应急物资分四批安全运送到指定位置，成为抢险救灾的有力保障。事后，当听说有果农在暴雨中受灾，肖英又派人和果农联系，通过华冠解决了销售的难题。

站在“北京榜样”颁奖晚会的舞台上，肖英说：人无信不立，业无信不兴，做生意不仅要算清金钱账，更要算清诚信账。在社会效益面前，利益不是最重要的。作为一位企业家，肖英用实际行动助力健康有序的商业生态建设。

白驹过隙，昔日那位美丽漂亮的商店营业员，现在已是华冠的总经理，年龄的变化，鬓角见着华发，脸上的皱纹也多了起来。但她初心不改，为消费者着想，谋利益。

让肖英感动的是，虽然商业竞争形势多变，但消费者不变的信赖是对她最大的鼓励。那年 9 月，华冠的营销团队设计了一个抽奖活动，早上 9 点正式抽奖，8 点不到就排起了长队。这时候就有人说，这年头抽奖哪有真的，多半是骗人的。让工作人员没想到的是，一位顾客大姐马上反驳：别的地方不敢说，华冠不会骗人！肖英略带遗憾地说：“我当时没在现场，若在我一定抱着她亲几口。”

信任，成了华冠和消费者之间紧密相连的纽带。“零售的本质就是围绕着顾客需求做商品和服务，顾客在哪儿，华冠就在哪儿，顾客是华冠的根。”数据显示，华冠的员工、会员、粉丝的总量，已经占到房山区总人口的 60% 以上。根据区域市场的消费变化，肖英不断创新，不断丰富和深化企业的业态，通过购物中心、社区超市、乡镇生活中心和便利店四种不同的业态，让逛华冠商城成了当地人的一种生活习惯。

“我们必须要变，因为消费者在变。”这是肖英经常和她的员工说的一句话。正是因为有这样的心态，华冠在区域零售，和近千家供应商品牌商一起，创造了多个令人欣喜的数据。同时，随着市场变化及消费需求升级，肖英带领全体员工积极发展互联网业务，拿出最大的诚意与优秀的线上企业合作扩大线上业务，加速企业合作，并推出了华冠自己的APP；推进实体商业转型升级，店铺开到了河北省，助力京冀协同发展；利用大数据决策，用数字引流，用平台增量，用技术布场；坚持以人为本，通过“实体零售＋互联网”的多样化结合，使华冠的店铺成为功能复合化、环境愉悦化、服务生活化的社区服务中心。肖英表示：“我们所做的这一切都是为了紧跟消费者的变化来重塑华冠零售新格局，我就是想在区域中打造一个立体全零售商业模式！”

因时而变，不断进取，正是这样的理念成就了华冠。对于华冠的明天，肖英谨慎而又自信地说：“如果能汇集到足够的人才，十年之内，我希望能在华北地区有一席之地。我们发展自有品牌，在市场上深扎下去，快速发展。不管是人还是企业，根基很重要，你比人家扎得深，你就更有生命力、爆发力。”

第五届全国道德模范提名奖、全国优秀创业女性、中国经济女性成就奖、中国杰出创业女性奖、第五届首都道德模范、“2015北京榜样”、北京市“巾帼建功”标兵等荣誉称号，是对肖英的褒奖和肯定。一连串的荣誉，让肖英更加谦勉地看待一切，“我真的觉得，没有华冠这个平台，没有张兵董事长和员工们的信任，根本就没有我的今天，我只是企业的代言人而已。”

肖英说自己非常珍惜这些荣誉，但她更认准一个理儿：“先生活，再生态，才有生意。这是我和我的团队三生一世的挚爱与追求！”

尽管随着现代社会的发展，奸诈之徒不时现身商海，但肖英坚信：诚信比赚钱更重要，生意人更应讲诚信。她秉承的经营理念是：经营企业，挣钱第一，但不是唯一，挣昧心钱，发国难财，是最大的失信，一个企业失信于民，就很难再有发展！她时刻思虑的是：我们是做超市出身的，薄利多销是超市的不二法则。做百货其实也一样，都是为消费者带来实惠。她坚信：人不诚信难立足，企业不诚信没发展，经商要常算诚信账。不然，何以面对生存的土地？何以面对家乡父老？何以面对家人和后辈儿孙？

人生在世，何言为商？商者，诚信也。你们思考过吗？

“豌豆女王”致富路

——记带领乡亲们共同致富的荣涛豌豆产销专业合作社社长　张涛

罗　英

人物简介：

张涛，女，1974年1月生，北京荣涛豌豆产销专业合作社负责人。她自1997年开始从事豌豆购销，用最低保护价收购，行情不好时宁可自己赔钱，坚持将利润的90%全部返利给社员。目前“荣涛”豌豆在全国的市场占有率非常高，带动了京津冀4000户农户致富，形成集“科研、制种、推广、种植、加工、销售”于一体的产业链条。

一　迟到的采访与迟到的接待

翻检从事记者生涯近30年的记忆，笔者几乎找不到比2018年12月13日这一天更有难度的采访了。前一天晚上，电话联系原准备上午10点去昌平区回龙观采访，下午2点赶到平谷区，采访“豌豆女王”张涛，可没有想到刚刚通完电话，确定行程后不久，又接到了通知，不但约好了被采访人周红，还有电视台的同行共同采访，并且告诉笔者：紧急通知的理由是对方的父亲要去大医院复查，可能要做手术，什么时候出院说不定；还有就是被采访人周红在企业汽车配件厂上班，流水线作业，不能随便缺岗，只能请半天假。错过机会，再想采访就要推迟到2019年新年之后。

考虑再三，笔者无奈只得推辞昌平的采访，改为先去顺义李桥。就是带着这样的内疚，翌日上午一大早，就驱车近百千米赶往顺义李桥，一边感谢没有堵车，一边跑向被采访的农家院时，电视台的同行早已开始了采访工作。又是几小时的忙碌，当笔者走出农家院时，时间已快正午。

在汽车导航的引领下，我们一路寻寻觅觅，穿越顺义区，进入平谷区，原打算沿路找家饭店，填填肚子、充充电，可一路上驾车，都是在导航的引领下，穿村过桥，前往平谷，错过了饭点儿。又是几十千米的奔波，左寻右找，笔者才在平谷大山脚下一处乡间，按照导航的提示接近了采访目的地。可令人奇怪的是，在周围村庄四处寻觅，也没有看到习惯中常见的厂牌，也不见高大的厂房、办公楼，停车向路人打听，路人也说不清这家是什么厂，地址在哪里？无奈只好一边打听，一边电话联系。

此刻，已经快下午1点了，先是电话不通、占线，再是忙音，后来才打通电话。对方在电话中告诉我，他们公司的具体方位和特征，再次寻找后，终于在一个很不起眼的大铁门上，看到两个小字：荣涛。

汽车鸣笛，大门开启，我们驾车驶入，满院荒草萋萋，很是凌乱，左侧是空荡荡的厂房，右侧是一栋两层小白楼，孤零零地矗立在荒郊旷野中。就在我们打量周围环境，疑心是找错地方的时候，又是一阵汽车喇叭响，大门再次打开。

停车处，一位身材高挑、肤色白皙，蓄着短发，戴着眼镜，披着白围巾，上身着浅绿外套，精明强干的中年妇女，快步走下了汽车。她就是被采访的主人公张涛。原来，她上午刚刚参加完一个会议，中午散会，还没有来得及吃饭，在接到笔者的采访电话后，就风尘仆仆由几十千米之外的平谷区政府赶回单位。

看到笔者诧异的神色，她赶忙解释：企业的办公地点刚刚迁来不久，旧的办公地点正在拆迁，眼下新的办公地点还没有装修整理，一切要等到明年开春再装修，才能旧貌换新颜，现在就是这个样子。非常时期，接待不周，还请谅解。

她语言实在，态度诚恳。笔者表示理解。

在一间开着空调，烧着电暖气，还不觉得暖和的办公室，我们比原定计划提前一小时，下午一点一刻，便开始了非正式采访。

张涛，一个男性的名字，却是一个秀气的女性企业家。女取男名，寄托着家里长辈多大的希望。一定是寄希望要她像男孩子一样，壮壮实实，打拼天下。原来也确实如此，这是家里长辈们的期望，她三岁丧父，母亲又重病缠身，在姥姥的照顾下，自幼吃百家饭，穿百家衣，在岁月的风风雨雨中，磕磕绊绊，一路走来。无论是童年，还是少女时代，她都在为生计奔波，忙忙碌碌。同时，也像村边的一棵小白杨，在砥砺风霜雨雪的磨难中，汲取着家乡厚土的营养，茁壮成长。

1996 年，张涛结婚后，为了分担家务，她就自己拉着平板车，走村串户，拉着自家产的大米去卖。在农村走街串巷卖大米时，她发现农民想买米，但是多数家里没有钱，都想用自家种的杂粮来换米，以物换物。张涛没多想就答应了。换来的杂粮，她又拿到市场上出售。

凭着敏锐的心思，她发现了新的商机，卖豌豆竞争少，利润高，有钱可赚。因为附近种豌豆的人家不多，产量也低，货源不足。张涛就远赴甘肃、内蒙古等地，收购豌豆，运回北京市场销售，赚取差价。在这个一买一卖的过程中，她意外发现，当地豌豆质量好，亩产高达五六百斤，而在北京平谷附近农村里种的豌豆，好的土地亩产只能达到二三百斤，一般的贫瘠土地亩产则更少。细心的张涛询问当地农户后才知道，豌豆高产是采用了新的良种。于是，闯劲十足的张涛回到村里，大胆承包了 80 亩土地，到北京中国农业科学院，购买了新培育的豌豆良种，并请农业科学院的专家前来平谷专程指导种豌豆。当年，效益显而易见，豌豆亩产就达到 600 斤，比平谷当地豌豆亩产量高一倍还多，第二年试种就达到了 700 斤。

由此，张涛发现了商机和致富的门道。她很快注册成立公司，在周边农村发展豌豆种植户。刚开始时，没人相信豌豆能够高产，一亩地能有那么高的产量。很多种植户都五六十岁了，他们对前来鼓动他们多种豌豆的张涛说："我种了大半辈子田，你才二十多岁，能有多少经验？怎么可能有那么高的产量！"

张涛掷地有声地承诺："你们放心吧，我负责提供种子和回收豌豆，聘请农业科学院的专家来指导种植。只要你们按照我说的办法种植，挣了钱归你们，赔了算我的！"

一位农户怀着将信将疑的心态和张涛签了合同，这是张涛签的第一份合同，她至今记忆颇深。这份合同规定豌豆的保护收购价，是一块钱一斤，亏了由张涛补，市场收购价格就高不就低。同时，合同规定了年底还会给农户二次返利。

张涛培育、使用的新品种豌豆，豆秧是直立的，不爬蔓儿，不用搭架子，收的时候也好收，既省人工，又高产。仅一年下来，成效就已经显现，该签合同农户种的豌豆亩产 600 多斤。当年 8 月豌豆收购时，张涛现场用现金结算。附近丰收的农民心里乐开了花。等到年底结算时，一斤豆子赚了四毛六分！村民们本想 1 斤豌豆能返 1 毛钱就很多了，没想到张涛自己只留了 1 毛钱，其他盈利她都返还给了村民们。第一个和张涛签合同的农户得到 2600 元分红款，这在当时当地，可是一笔不小的收入，万元户，那可是许多人梦寐以求的致富经啊，那位签约农户后悔自己种少了。他举着返利款说："明年我再多包点儿地，我种一百亩！"此后那人逢人便说：这个小媳妇儿，说话算数！值得相信！

豌豆生长期短，而北方多高寒，无霜期短，是 3 月播种 6 月拉秧，拉秧后还能种一茬玉米，豆类还养地，每亩地比只种一茬玉米能多挣 2000 多元。附近种豌豆的农民看到了真正的实惠，腰包鼓了，纷纷和张涛签订了新合同。她签约农户的豌豆种植面积，从 2005 年的一千多亩到第二年变成了两万多亩。

2008 年，张涛注册的公司升级，她成立了荣涛豌豆产销专业合作社，加入合作社的社员有 527 户。社员免费享受技术服务及种子成本价、农药化肥批发价的实惠，她又注册了"荣涛"商标，开始走上品牌化发展道路。

合作社发展成规模经营，与种植户签订合同，标明回收的最低保护价，实际回收价格实行"保护价＋市场浮动价"，每年把利润的 90％返利给社员。可当年干旱，倒春寒严重，天灾导致豌豆减产，市场行情不好，到秋后一算账，合作社只有几万元的收益，张涛没有考虑眼前的私利，而是把所有收益都返还给社员，自己承担了全部成本。社员们得知张涛吃亏让人的义举，纷纷对她竖起大拇指，她言而有信的义举，赢得了社员们的赞誉。

合作社的成员越来越多，豌豆的产量也越来越大。张涛的目光又瞄向下一个发展目标。在合作社发展的进程中，她发现种植环节的利润太少，生产、加工、销售环节的收益，都被其他企业占去了。一番思考之后，她大胆决定自己建厂，对豌豆进行深加工。2010 年，在当地政府的支持下，由合作社出资，成立了荣涛食品有限公司，张涛作为总经理，代表合作社在企业中，维护出资方的权益。公司利润的 60％返还合作社，分红时一并计入年终盈余，按合同规定分配，其余40%作为企业运营资金，包括张涛在内的企业管理人员，均由合作社决定是否聘用，每月统一领取5000元的工资。

社员们热情高涨，纷纷入股。合作社建了厂房、购买了设备。2010年，合作社建成了1100平方米的生产车间。

创业的道路充满了艰辛和企业间相互竞争的风险，由于没有经验，第一年合作社把豌豆磨成粉，再加工成小食品，产品使用的是优质豌豆，成本比别人家的出厂价还高，赔了不少钱。张涛琢磨豆粉能掺假，豌豆掺不了假。自己手里有豌豆的优势，别人比不了。第二年，工厂开始生产整粒的豌豆休闲食品，慢慢打开了市场。豌豆的精细加工，不仅提高了豌豆的附加值，扩大了种植面积，还形成了集“科研、制种、推广、种植、加工、销售”于一体的产业链条，并顺利通过ISO 9001质量管理体系的认证。

目前，该公司已建标准化厂房1万平方米，购置2条豌豆油炸生产线、1条豌豆烘焙生产线、自动量杯式包装机30台、全自动计量包装机1台，生产两大类、15个小品种的豌豆产品。张涛和社员自己培育的豌豆品种豆皮比较厚，油炸之后不易脱皮，制作出的小食品口感好，豆粒大小均匀，至今畅销全国。

如果询问企业发展的经验是什么？张涛始终坚持诚信为本，合法经营，用诚信打造企业品牌。在刚开始加工豌豆食品时，国内一些生产豌豆制品的企业，为了眼前利益，将豌豆产品称为“美国青豆”，误导消费者。张涛不跟风、不盲从，仍然坚持自己民族风格的豌豆品牌。

有一次，天津一家市场订了荣涛的豌豆产品，货送到了，卸车的时候，经销商发现包装袋上写的是豌豆，要求改为“美国青豆”，否则，当场就要求退货。张涛坚守职业操守，实事求是，坚决不改，即使因此遭遇多次退货，她也坚持自己的经营理念，不改初心。

多年来，张涛坚持用豌豆做商品名称。后来有"美国大杏仁就是巴旦木"的事件发生后，豌豆也跟着正名了。那些号称是"美国青豆"的产品，只能重新换包装，而张涛的产品反而成为市场上的一匹黑马。张涛重视产品的品牌，更重视靠诚信打造品牌。2011 年，她正式进军食品市场，组建市场部，从来不给生产和销售部门布置利润增加的指标和任务，担心手下的营销人员为了谋利会有压力，会出歪招。她要求业务员出去做营销，必须用产品说话，产品质量好，销售得好，利润自然就来了。

张涛将诚信经营的理念不仅贯彻在产品质量上，还覆盖在豌豆的种植、生产和销售等各个环节。有一次收购豌豆时，一个农户为了卖豆子时压秤，故意没把豆子晾干，结果豆子在麻袋里都发霉了。为了保证产品质量，张涛坚决不收。为了帮助那个农户减少损失，她说你可以把豆子放这儿，有客户要，我叫你过来跟他谈价，我不挣你的钱。

那个农户把豆子都拉了回去，然后把张涛告到法院。法院经过调查，判张涛胜诉。那个农户又跑到市农委告状，说张涛违反合同，不诚信。张涛多次与农户沟通，坦诚地说明不能收购的理由。

张涛带领豌豆种植户在家乡这片沃土上辛勤耕耘，将农业生产与农产品加工紧密结合，促进农民致富增收，实现了自己"回报乡亲、带领社员致富"的梦想。经过多年辛苦的努力与耕耘，她的合作社已发展入社会员 527 户，辐射带动北京市 4 个区、河北省 7 个市区的种植户 4000 多户，带领更多农户走上了致富的道路。

二　搏风击浪，共同谋划小豌豆的生意经

北京荣涛豌豆产销专业合作社，应时代大潮，成立于奥运会在北京召开的那一年的 1 月，至今已走过十三个春秋。十三载风云，十三载汗

洒人生路，十三载企业发展的里程碑。对于张涛而言，这十几年是人生重要的时刻，是一个由无到有、由小到大、由弱到强的重要发展期。

当时，她是白手起家，艰苦创业，入社成员 527 户，注册资金 268 万元，还不足现代大企业的一个零头，而且所处的行业还不是流行的信息、股票，新理念、新概念，而是扎根京郊大地，以豌豆种植、销售豌豆商品及豌豆种业为主的传统产业，在夹缝中求生存，发展之艰难，难以想象。

但生在平谷、长在平谷的张涛坚持自己的经营理念，目的很明确，就是带领乡亲们，共同打拼，共同致富。

经过近 10 年的发展、打拼，2017 年，合作社再上新台阶：工商注册核心成员 157 户，其中包括 2 个团体成员(荣涛农业科技公司、荣涛食品公司)，注册资金 1000 万元。合作社逐步形成了规模经营："合作社＋龙头企业＋农户"三位一体的模式运行。同时，公司集"科研、制种、推广、种植、加工、销售"于一体的完整产业链，带动了一方经济的发展，提高了当地百姓的生活水准。

人们没有忘记：2016 年，以平谷为核心辐射京津冀地区的豌豆种植基地有 7 万亩，其中本区 4000 亩地，带动农户 2000 户，回收干豌豆 9229 吨，年销售额 4556 万元。2017 年，合作社在平谷区小北关村开发了千亩豌豆培育田，保证种子的纯度和质量。2018 年，在本区发展豌豆种植 2 万亩，积极配合区政府做好土壤改良工作，同时带动更多农民通过种豌豆增收致富，一举多得。

2016 年，食品公司豌豆酥年销售收入为 7689 万元，销售量 4805 吨，销售范围涉及 19 个省，合作销售代理商 592 家、经销商 178 家。翌年，再上新台阶，在原有豌豆酥生产线的基础上，新增了豌豆干和豌豆粉 2 条生产线。同年 3 月，豌豆干和豌豆粉 2 条生产线正式投入生产，6 月达到量化生产。目前的豌豆蛋白粉生产线是食品原料级的，主要给其他食品企业供应原料，计划通过改进工艺，生产可直接冲调饮用的蛋白粉，进一步增加产品附加值。

2017年，合作社再创佳绩，销售计划圆满完成，豌豆酥年销售额为4000万元、2500吨，豌豆干年销售额为7500万元、5000吨，豌豆粉年销售额5000万元、3125吨，2017年食品公司年销售目标为9700万元。

回眸合作社的发展，是跨越式的三大步：第一步是成立之后的第三年，2010年，就曾荣获北京市农民专业合作社示范社称号；第二步是2012年再获第一批全国农民专业合作社示范社称号。同年，食品公司荣获北京市农业产业化龙头企业称号；第三步是现有产品分为豌豆种子和豌豆加工食品两大类，豌豆种子有中豌4号、中豌5号、中豌6号、荣涛9号、荣涛10号等品种；食品分为豌豆酥、豌豆干、豌豆粉等系列产品。

其实，企业的发展，不仅仅是数字的变化，还有经营者智慧的发挥和辛勤汗水的挥洒。那么，张涛是如何在市场竞争的大潮中，搏风斗浪，挺立潮头，提高经营服务能力，保证质量的呢？

谈起这个话题，张涛坦言，他们也没有什么诀窍，就是脚踏实地，根据市场需求，合作社一方面狠抓产品质量，聘请在京科研院所的专家作技术顾问，以成本价向社员提供优质豌豆籽种，制订豌豆生产操作规程，利用田间学校开展豌豆种植培训，并实行全程跟踪指导服务，从播种、施肥、打药到提纯、复壮、采收，为社员提供全程指导。

此外，坚持品牌化市场战略，合作社注册了“荣涛”籽种类商标，“卡超那”休闲食品类商标，“豌膳”综合类商标。做到了统一品种、统一技术、统一生产、统一品牌、统一销售“五统一”的产销流程，有效地提升了产品的质量和信誉，同时也提升了合作社的形象。

另外合作社根据市场需求，继续延伸产业链，加粗经济链。企业要持续健康发展，就必须有迎合市场需求的新产品不断推出，合作社与专业食品研发企业合作研发豌豆餐粉、豌豆素肉等市场上稀缺的功能型产品。

合作社与成员以诚信为本签订了最低保护价合同，实际回收以“最低保护价＋二次返利”，成员不仅享有种植环节的收益，还享有生产加工环节的收益，部分成员或成员子女到合作社上班，既有组织又有工资和“五险一金”，由农民变成工人，增加主人公意识，没有后顾之忧，心无旁骛，一心扑在为企业谋发展上。

与此同时，张涛还通过各种学习、培训，提高组织机构与运行机制的规范化。合作社自成立以来，不断加强规范化建设，体现了“民办、民管、民受益”的原则。

合作社制订了自己的章程、成员代表大会制度、理事会制度、财务制度等各项管理制度，建立了健全的组织机构，制订了年度经营计划。按规定设立了成员花名册、成员出资登记簿、公积金量化登记簿和国家扶持资金量化登记簿，做到产权关系明晰，充分调动社员各个方面的积极性。

同时，张涛还注意加强合作社的内部管理，提高企业运营机制。合作社内设社员代表大会、监事会和理事会，理事会下设基地技术部、生产加工部、品控研发部、市场营销部、财务部和综合办公部六个部门。其中，品控研发和市场销售是外聘专业人员，其他部门主管都是理事会成员，理事会成员共 5 人，监事会成员共 3 人，聘请总经理 1 人，承担合作社的运营管理工作。合作社每周召开理事会一次，总结上周的工作，安排下周的计划，更好地为社员服务。

目前，社员代表共 48 名，采用民主集中制，一人一票选举产生，主要由拥有多年豌豆种植经验、有责任心以及乐于助人的骨干社员组成，涉及社内的重大决策都通过成员代表大会讨论决定，体现了合作社的民主管理。

合作社的宗旨一直是把服务于民作为增强社员凝聚力、向心力的关键，贯穿整个产业的发展，受到了人们的拥护。特别是在大田种植方面，实施了前所未有的、适应市场需求的种植理念。合作社设有基地技术部和农民田间学校，创新上茬种豌豆、下茬种玉米的轮作模式，推广桃树、豌豆套种技术，发展林下经济等创新种植方法，使豌豆亩产量由原来的200～300斤增产到现在的600～700斤；合作社在市、区、镇植保站的帮助下，成立荣涛植物专防队，到田间地头授课、跟踪指导，对豌豆种植进行统防统治，提高防控能力，降低农药使用量，大幅提升了农产品的质量。

张涛深深地爱着脚下的这片伴随她成长起来的沃土。她科学种田，倡导发展林下种植。根据平谷区拥有22万亩桃园的特点，积极开展林下种植，豌豆桃树套种，豌豆3月初播种，6月初收获，此时桃树的叶子刚刚长大，果农就已经收获了一茬豌豆，同时给大桃树施加一茬氮肥，提高大桃的品质。此举充分利用平原造林的林下资源，为农民增加了收入。

做有良心的企业家，善待自然，推进周边环境的改善。企业的发展不仅要看表面经济效益，还要看隐形的社会效益。她倡导的在田间轮换套种的科学效益符合可持续发展的经济潮流。

科学研究和种植实践证明：豌豆根部有固氮作用，不但能防止土壤板结，还能起到保护土壤环境的作用，同时可保护地下水资源不受污染。豌豆的固氮作用能给下茬玉米施一次天然氮肥，豌豆茬玉米亩产量能提高300～400斤，种在桃树底下，能提高大桃的品质。

做有良知的企业家，是张涛发展企业的目的。她为了回报社会的关爱，时刻关注着国家的动态、社会的变化。时刻奉献爱心，做有良知的企业家……

张涛领导合作社，始终不忘回报社会，2008年四川发生地震后她及时给灾区拨发60吨、价值数十万元的爱心豌豆种，帮助他们重建家园；北京"7·21"特大水灾，合作社通过"北京妇女儿童发展基金会"捐赠现金20000元，还多次给平谷区敬老院、孤儿院，以及环卫工人无偿发放食品，帮助低收入户和残疾农户干农活。附近的大辛寨村原来是平谷区低收入村，通过跟合作社多年种植豌豆，2016年已经实现了脱贫，不再是低收入村……

张涛是个目光远大的企业家，她不断总结经验，又把目光聚焦到未来，制订了合作社的3年规划。她非但没有削弱在种植环节的投入，反而更加重视；随着市场需求的增加，立足本地，在平谷区发展7万亩地的节水、生态、高效的豌豆种植基地。因为玉米价格下滑严重，合作社适时调整了种植区域计划，积极探索豌豆下茬种植油葵、蔬菜等作物。育种基地全部建在本区成员户、低收入户和残疾农户田中，以便更好地带动他们增加收入，改善合作社社员的生活。

下大力气狠抓生产环节的发展规模，也是张涛的努力方向。种好高质量的豌豆，是为给发展产业链食品加工打下良好的基础。她与专业食品研发企业合作，研发豌豆代餐粉、豌豆蛋白制品（素肉、素丸子等），不断推出迎合市场的新产品，建立完善的食品生产安全体系，保证产品质量。同时，注重销售环节发展，由原来的省级经销商，下降到市县级经销商，精耕细作京津冀市场。

通过十余年的发展历练，荣涛企业已然成为为能够抗击市场风浪的现代企业。俗话说，十年磨一剑，豌豆这棵小苗苗，已发展成企业化、规模经营的大中型产业链，这耗费了张涛多少心血，目前无法估量。有耕耘，就有收获；有付出，就会结硕果。她一路坎坷，风风雨雨走来，单是豌豆的单价由原先的一块钱一斤，发展到现在的两块五一斤，亩产量由原来的二三百斤增加到现在的六七百斤；由自己单打独斗创业，发展到带领 2000 农户，有基地 7 万亩的豌豆合作社，以及到外埠建分社；由简单的豌豆种植发展到将其深加工成旅游休闲食品。

宝剑锋从磨砺出，在这二十多年的风霜雨雪中，张涛，这位普通的农村妇女，在党和政府的扶持与指导下，在社员的支持与配合下，在社会各界的帮助下，建成了全国豌豆籽种培育基地，豌豆食品研发基地，把荣涛豌豆合作社做大做强的同时，自己也成为合作社的典范。同时，她也成就了自己精彩的人生，成为京郊大地一颗耀眼的企业明星。

三　走出有价值的人生之路

企业经营者如何才能独占鳌头，抢占先机，博取市场丰厚的利润？这是每一个企业家、商人都在考虑的问题。前几年，有人曾给张涛提建议：给咱们的豌豆取个洋名"美国青豆"吧，可以打开新的销路，赢得更大的利润。张涛摇头拒绝，不以为然。她把消费者奉为"上帝"，一个有良心、良知的商家，怎么可以欺骗"上帝"？即使可能得势一时，但不可能得势一世。

见她不肯采纳建议赚大钱，有人说她"傻"，有人笑她"痴"，有人讥讽她"愚"，她对此一笑了之。在一些商家眼中，这本来不是什么大事，不仅没有降低产品质量，兴许还能吸引消费者眼球，增加销量，扩大利润。但是严守诚实做人、踏实做事底线的张涛，没有被"忽悠"，也没有欺骗消费者。即使冒着被退货的风险，她也坚持诚信做人。这不仅为她赢得了合作方的信任，也为她的"豌豆"带来了金字招牌，让品牌走得更远，立得更高。

当下，社会上有些人为追求最大利益，赚取昧心钱，被社会正义所讥讽、鞭笞，一些人看到种种怪异现象，抨击一些领域进入一个"互害"的怪圈：蒸馒头的不吃馒头，种韭菜的不吃韭菜，养猪的不吃猪肉……

为什么？就是从事这些行业的人，目光短浅，贪图一己私利，为博取更大利润，昧着良心非法经营，害人害己。在营销环节上，消费者经常担心购物是否缺斤少两、食品添加剂是不是超标、肉类有没有注水……有的厂商为了蝇头小利，消耗消费者的信任感，甚至侵害了整个产业链。

“北京榜样人物”张涛为企业家的道德品质树立了标杆。她让大家明白，只有让老百姓放心，才能对产品“倾心”。张涛一手牵着科技的发展，大胆闯市场，一手挽起田野，让农民看到了实实在在的生活美景，用真情搭建了城乡之间的桥梁，用行动告诉大家：团结就是力量。

毋庸讳言，天上不会掉馅饼，幸福是奋斗出来的，不是说出来的，更不是吹出来的。经过二十多年的奋斗，张涛不仅自己收获了企业的发展，还带领当地成千上万的乡亲们，走上了致富的幸福路，成为令人敬佩的“北京榜样”。这既是一种责任，也是一种压力，她把责任和压力变成动力。未来还将继续带领乡亲们种植好豌豆，把小豌豆变成小金豆，带领大家共同致富。

谈起这些，张涛感慨万分：一年到头，为了企业的发展，她很少休息，孝敬老人。有时候，孩子跑到她面前，可怜地哀求：妈妈，别去上班了，陪我去玩玩好不好？看见她面有难色，孩子又说：要不，您没有一天时间，就半天，两小时，一小时也好。孩子的话，敲击着母亲的心灵，她的心里酸酸的，眼泪都快要流出来了。

可企业、生产车间，还有许许多多她放不下的事情，要她去处理。无奈，她只得摸摸孩子的头，一边找理由推脱，一边强忍泪水，走出家门。转眼间，孩子们长高了，上了大学，她的两鬓也出现了华发，脸上有了皱纹，眉宇间也有了岁月的忧愁。

漫漫人生路，张涛没有忘记创业时的艰难和她走街串巷卖粮食时，作为小生意人的艰辛。她始终坚持诚信经营，用诚信打造品牌。即使因此遭遇多次无理退货，她也坚持用豌豆做商品名称，产品反而在市场上站住了脚。如今，张涛已经实现了“回报乡亲，带领大家致富”的梦想。这既是一种责任，也是一种压力。笔者相信，在她的带领下，农民们在田野上已经敲开了致富的大门。

如今“荣涛”商标已走上品牌化发展路线，参加合作社的成员越来越多，豌豆的产量也越来越高。创业的路虽然充满了艰辛，但张涛始终坚持诚信经营，用诚信打造品牌。

她要求业务员出去必须用产品说话，产品质量好了，销售得好，利润自然就来了。张涛将诚信经营的理念覆盖在种植、生产和销售等各个环节。

四川的商户暗访张涛的育苗基地，看到工作人员按标准拔出变异籽种秧苗时的严格态度，直接确立合作关系，做起了荣涛籽种的代理商。为保证市场上荣涛牌豌豆籽种的货真价实，张涛实行了营销档案登记、可追溯的代理制度，很多人越过代理商向张涛高价买种子，张涛从不为之所动。

有的农户把变质的种子交给合作社，希冀张涛给予通融，被张涛严词拒绝：“把这些种子卖出去，就坑了豆农。”贪心的农户把张涛告上法庭，张涛把官司打到了底，也不为诚信掺假。

几年下来，“荣涛”豌豆籽种成了全国知名品牌，掌握着市场定价的话语权。张涛说：“虽然我有定价话语权，但是我不会滥用，希望别人也像我们一样，给老百姓提供买得起、买得真、种得好的种子。”

诚信让世界跟我走。如今，荣涛豌豆系列休闲食品畅销全国，出口多国。张涛说：“欧盟的标准虽高，我绝不搞双重标准，卖给咱百姓的同样安全。”从一句承诺，到多年的诚信经营，张涛造就了一部豌豆种植、产品营销飞跃式发展的神话。

与此同时，荣涛豌豆合作社被评为“全国农民专业合作社示范社”“北京市先进合作组织”。张涛先后获得“全国妇联‘双学双比’先进个人”

“‘中国好人榜’上榜好人”“全国农村青年致富带头人”“北京市劳动模范”“北京市青年‘五四’奖章”“北京农村发展‘十大’杰出典型”“第五届首都道德模范”等荣誉称号。

临近冬至的寒冬季节，昼短夜长。不知不觉，夕阳西下，那一轮红日已然悄然西移，挂到西山。不知不觉，我们这些采访者和被采访者，似乎都忘记了时间的流逝，忘记了中午没有吃饭，忘记了彼此初次相见时的陌生感……

现在，企业发展的瓶颈是什么？企业的名字荣涛，是不是你们夫妻名字的合称？笔者看看夕阳，想把采访往人们最关注的话题上引导，以免采访文字过于枯燥，以免文章没有可读性、文学性、娱乐性，不经意地提问道。

面对笔者的突然提问，一抹夕阳照到脸上的张涛，迟疑了片刻，挥挥手说：“企业发展的瓶颈是有的，但是我们能够克服。而企业的名字确实是我们夫妻名字的合称，遗憾的是他已是我的前夫，我们离婚了。”

“为什么?”笔者愕然，手里的笔险些掉到地上。同时，也为自己的唐突感到深深的内疚，连忙起身低声说：“对不起，我不是故意的。我为不小心触碰了你内心的伤痛，向你致歉!”

“没什么，可能是我忙于事业，疏于一个女人、一个妻子的责任。去年，我们就离婚了……”

“那你就放弃了自己的责任和权利?”笔者再次愕然追问。

“我的追求是带领乡亲们共同致富，至于个人情感……我有儿有女，有事业，知足了。”说到此处，张涛脸色温和，心情平静，犹如一塘池水，波澜不惊。

为了避免过多的话题再次伤害面前这位靓丽、阳光的中年女企业家的情感，笔者匆匆告别。

踏着夕阳，虽是饥肠辘辘，笔者离去时依然不时回顾、侧目那片矗立在荒野中，等待建设装修的企业建筑。

但愿春天早些来临，但愿平谷女强人、企业家张涛坚强！

因为她此后的人生之路，还很漫长……

安得良医佑民安

——记重组蛋白药物研制的领军人才　谢良志

罗　英

人物简介：

谢良志，男，1966年1月生，北京义翘神州生物技术有限公司总裁。13年前，他作为病毒疫苗研发生产专家回国创业。十几年来，他潜心建立起一套完整的生物技术研发和产业化体系，改变了我国相关产业上游产品全部依赖国外的状况，打破国外垄断。在甲流疫情和H7N9疫情肆虐时，他的团队用最短时间研发出关键药物。

一　面对世界级传染性疾病的突发，他敢于果断出手

2003年的一天，深夜12点，万家灯火中的国际大都市北京，逐渐闭合了美丽的眼睛，大多数市民都已安然入睡，只有谢良志和许多医学专家还坐在一起开会，讨论面对如此紧急的形势，该怎么办？又能做些

什么？

那一年，SARS病毒开始在全国范围内蔓延，尤以北京地区为甚。每个人都陷在被病毒感染的危险中，心理安全防线更遭受严峻的挑战。对此，刚刚回国效力的谢良志和他中国医学科学院的同事们一筹莫展。

SARS是一种什么样的病毒，事前人们一概不知，《黄帝内经》没有记载；《本草纲目》没有文字记载；中华大辞典里没有词条。SARS是什么？靠什么传染？人们不知道；还要持续多长时间？人们不知道；有可能波及多少人？人们也不知道……面对疫情，谢良志空有一身本领却无从下手，心急如焚。病毒面前，谁都不安全。但即便如此，他和同事们还是坚持出门、开会，讨论应对的办法。

一场非典疫情，给我国经济社会发展带来巨大损失，这也更加坚定了谢良志的专业发展方向。“国家有需要，我们企业却没有积累经验，无法开展应急研发，怎不令人扼腕？”当时的心情如烙印一般留在谢良志的心里。那时，兼职中国医学科学院教授的谢良志回国创业才一年，如今的生物制药领域领军企业——神州细胞工程有限公司当时还是一家小公司。可那段记忆，他却记忆犹新。什么时候想起来，都是心病，隐隐作痛。他暗暗发誓，不摘取掌握人类命运进程的钥匙，誓不罢休！

最惊心动魄的“战争”在十个春秋后打响，那是2014年，埃博拉病毒肆虐非洲，世界再次陷入恐慌之中。这一病毒被发现已有30年，人类却依然难以攻克。

经历了SARS疫情的中国反应非常迅速。面对来自疫区的输入性风险，为保障在非洲援建、援医人员的生命安全，需要以最快的速度研制出可用于应急救治的药品作为战略储备，一旦需要即可申请知识产权的紧急授权。

面对国家需要，谢良志和他的神州细胞工程有限公司十年磨一剑，已经做好了准备。依靠世界一流的制药工艺，仅用了一个半月时间，就研制出了40克、可供10人的药量，速度居世界第一。于是，在与埃博拉病毒的“战争”中，中国“战场”有了可以迎敌的“子弹”。

完成此次应急任务并不容易。虽然国家有少量补贴，但生产车间全部停下专攻埃博拉病毒应急药物的生产，对神州细胞这样的民营企业来说，商业上的损失着实不小。但谢良志将其视为理所当然，有了药物上的储备，国家在这方面的安全就有了一道保障，意义之大完全不能用金钱衡量。

2009年，甲型H1N1流感疫情全球蔓延。神州细胞仅用30天时间便研发出了疫苗等研究所必需的血凝素蛋白，为全球研究者提供了一个非常关键、有效的工具试剂，并被全世界几十个国家的疾控中心、科研单位和企业使用。神州细胞也因世界第一的速度一举成名。

2013年，中国突发H7N9禽流感疫情。国家疾病控制中心很快确认，这是一个新型的流感病毒，并且公布了病毒的基因序列。卫生部立即组织人员攻关，进行科研准备，号召各界“自带干粮、全力以赴”。谢良志的团队拿到病毒的基因序列，从零开始，仅用12天时间就完成了H7N9的血凝素蛋白生产，6个月内完成了一种H7N9新型中和抗体应急药物从发现到临床申报的全部研究工作，并快速完成了可供1000人使用的1.5千克应急抗体药物GMP生产储备，速度再次拔得世界头筹。

“与病毒作战靠的是技术，赢得的是时间，基础是科学，我们要跟病毒蔓延抢时间、抢生命最是惊心动魄。这个速度算是在全世界都前无古人了。”谢良志每次提起团队的战绩，总是十分欣慰，但欣慰之中亦有忧虑。埃博拉、登革热……来自自然界微生物的安全威胁长期存在，人类对抗病毒的战争，也会长期存在。谢良志坚信，这正是生物医药行业的重要价值所在。

筑牢人类生命的防线，是谢良志博士人生追求的目标。

如果不是选择成为生物医药国际知名的生产专家，谢良志很可能成为计算机领域人工智能的翘楚。如今，谢良志的愿景是研制新药、研发疫苗，为人类生命构筑起一道牢固的防线。而这个需要穷极一生的“大志向”，却是谢良志在学业中途选择的一个“调头线”，在他的人生轨迹中划出了一个大大的“急转弯”。

1983年，谢良志这位湘江岸边的秀才，在苦熬几千个日日夜夜之后，金榜题名，考入大连理工大学化工专业。那时候，计算机刚刚在国内出现，相关应用迅速吸引了谢良志的注意，计算机编程更是激起了他的极大兴趣。一个程序解不出来，他可以不吃饭不睡觉，简直到了着迷的程度。1991年进入美国麻省理工学院化工系，谢良志是冲着研究人工智能去的。麻省理工学院的计算机系、媒体实验室和化工人工智能的研究都是世界顶尖的。原以为，从传统化工转向化工系统工程，算是一次学业上的“纠偏”，却没想到，一次讲座却再次改变谢良志的学术道路。

那是麻省理工学院化工系的一堂讲座，说到生物医药里一种治疗中风药的生物药。人体里本就有溶解血栓的成分，但血栓一旦形成，靠人体自身溶解远远不够。这时候，通过生物医药制成的溶栓蛋白药就能用人体自有成分快速溶解血栓，治病救人。最重要的是，生物医药的生产手段须紧密依靠化工，利用化工的工艺才能将药做出来。

化工还能做这样的事情?!谢良志大开眼界。尽管对生物医药的研发历史他一窍不通，但他找到了更大的人生意义。如果能研制出来新药，就有可能挽救亲人、朋友，甚至他自己的生命。这对谢良志来说，太震撼了!

谢良志的人生转折在这一刻突然到来。放弃热爱的计算机编程，重新选择化工专业，在生物专业上从零开始，他没有太多犹豫。于是，在麻省理工生物专业本科的课堂上，出现了谢良志的身影。最难的是第一门课——《生物学入门》。那么多生物学的专有名词，人家学了多年的内容，他一个学期就要啃下来。谢良志至今仍会时常感慨，他在麻省理工学院所有考试科目得分都是 A，唯有这门课得了个 B。不过拿下这门课之后，所有的相关科目他还是都拿了 A。

在艰辛的努力下，谢良志走上了另一条道路。1992 年，他以化工系总分第一名的成绩获得攻读博士资格，并进入生物工程技术中心主任王义翘教授的实验室；1996 年，他又以优异的成绩获得美国麻省理工学院生物化工博士学位，博士研究期间发表工程技术学术论文 10 篇；同年，加入美国默克公司，从事病毒疫苗的研发工作。

默克公司当时是世界顶尖的制药公司。在这里，谢良志负责参与开发了三个全球上市疫苗产品的生产工艺，领导建立了全球领先的腺病毒载体艾滋病疫苗生产工艺，该工艺目前仍是人用病毒疫苗全球规模最大的细胞培养和病毒生产工艺之一。

谢良志在默克公司有 5 年时间负责艾滋病疫苗的生产工艺。当时，公司对疫苗做了各种经济上的评估，都认为这个疫苗做出来，在经济上将是赔本的。但默克公司依然将最好的人才、资源投入进去，10 年投入了 9 亿美元。作为顶尖的制药和艾滋病疫苗研发公司，默克公司认为它有社会责任全力做这件事情。这让谢良志很有感触，也体会到做生物医药必须是真正有情怀的人。

二　祖国才是真正的家

要不要回国？对于改革开放后早期出国留学的很多人来说，这的确是个需要选择的问题。离开祖国的时候，他发誓要干出一番事业。在国外这么多年，读书，他头悬梁锥刺股；工作，他发挥中国人吃苦耐劳的品德，赢得了好评。经过多年打拼，他的名誉、地位、收入，都堪称同行、同龄之中的佼佼者，可一旦选择回国，那么多的实际问题，还是拨动着他的心弦。

但是这些对于谢良志来说，却都不是问题。“随时一个招呼，我就可以回来。”谢良志对自己乃至家庭的重大选择总是这样轻描淡写。这个“招呼”在2002年到来了——昔日的同事打来电话说，“中国的生物技术产业化遇到关键瓶颈，缺乏像你这样掌握大分子生物药技术产业化的高端人才。”当时的谢良志认为，在默克公司的艾滋病疫苗研发上，自己能做的都做了，没有遗憾，是该考虑回国了。

1995年，谢良志就想过回国。那时，他代表留学美洲学生团体回国参加中华全国青年联合会和全国学生联合会，不但接触到很多团中央领导人，还走进中南海与国家领导人深度座谈。当时欧洲、日本和澳大利亚的代表都非常想回来，给他触动很大，但他亦深知，自己当时并没有准备好回国效力。一是谢良志在麻省理工的学业尚未结束；二是他对国内生物医药产业化还一窍不通，仅仅学会实验室的科研，就算回国，也未必能干成什么事业。

作出回国决定，只用了两个星期。谢良志说服太太，“即使现在不回去，再过10年我还是要回去的。即使过10年还不回去，退休后我还是要回去的。但是假如我退休后回去，就只能游山玩水，现在回去还可以趁年轻干一番事业”。

听到谢良志要回国发展的消息，在美国的同学和朋友都觉得不解。“因为我是湖南人，一根筋！”谢良志认为出国就是一个过程，不是终点。

抱着这样的态度，谢良志在美12年，是行业内国际知名的生产工艺专家，仍始终保持中国国籍；买了套房子，却不添置一件多余的家具，因为知道以后回国终将卖掉。

2002年6月，谢良志回国创业，他像新中国成立后回国的钱学森等一大批专家学者一样，抛弃优厚的物质生活条件和良好的工作环境回国，在北京郊区发展自己的事业。翌年，神州细胞工程有限公司在北京经济技术开发区成立。

现在，他成功了，会有朋友对他说，“你有眼光、有远见，赶上了国内发展又好又快的一个时期”。谢良志却根本没想那么多。回国只要能做事，有用武之地就行了。

公司创立的地点在亦庄，也是谢良志的得意之选。他考察了亦庄、大兴、上地、中关村，毫不犹豫地选择了亦庄。亦庄的创业软环境比较优越，区位优势也十分凸显。企业要成为“百年老店”，就要找一个利于长远发展的地方。现在来看，当时的选择是对的。

现在的神州细胞是业界明星，但十几年的创业路很不好走。做生物医药，2002 年的国内市场条件并不完备。不但新药研制过程充满不确定性，就算是过程一帆风顺，从实验室到临床，再到投入市场，常规也要花费十几年时间。正如业界所说，“一位妇女要花 10 个月才能完成孕育后代的过程，但不能让 10 位妇女共同花一个月将孩子生下来。”生物医药自身的特点，决定了其就是个投入大、风险高、回报期长的行业。对此，业内亦有共识：研发新药，其难度不亚于研制火箭。

背负着这些心灵的十字架，谢良志和他的团队义无反顾地在这条路上行进着。不能只靠研制新药一条腿走路，神州细胞将目光转向实验材料蛋白的研发生产，为全世界科研机构和人员提供重组蛋白和抗体工具试剂。它们是生物医药界的最基本的原材料。如果航天梦想靠火箭运载工具，那生物梦想就要靠高质量的蛋白和抗体试剂工具。

目前，公司已经研制出了 5000 多种重组蛋白和 9000 多种高质量抗体工具试剂，建立起了全球规模最大的重组蛋白工具库之一。这些高端试剂销往全球 60 多个国家，成为全球生命科学基础研究和新药研发的重要支撑。

与此同时，生物医药行业的疫苗和新药研发始终是谢良志团队的主攻方向，许多新药正在加紧研制。谢良志经常跟员工们讲，“医药企业永远要把社会效益放在第一位，光想赚钱就不该干这一行。医药企业最大的价值是用更安全、有效的药治病救人。”

的确，对谢良志来说，用更安全、有效的药治病救人，是“更有意义的事”。“大风起兮云飞扬，安得猛士兮守四方。”这里“猛士”的意思，已非昔日的猛士，更多的是现在意义的文人志士，而“良医”是指有良心的医生。这个简单的词语体现在他身上，便已然充满张力、深度和实际内容。

谢良志在美国生活和工作了 12 年，身边有不少留学生加入了美国国籍，在当地拥有更加稳定的生活，但谢良志没有。

小儿子在美国出生，拥有美国国籍，成了他的一大憾事。孩子出生才 28 天，谢良志一家就回国了，儿子再没去过美国。他会希望中国以后能宽松入籍的条件，儿子还有机会改回中国国籍。

如果顺着计算机的路走下去，谢良志赶上了计算机风起云涌的淘金年代，也毋庸置疑地能成为名副其实的富人。但也是因为更注重生命科学的“意义”，谢良志如今依然生活简朴，承担着公司可能亏损的压力。

“我们还会亏损一段时间。”谢良志对任何人都可以襟怀坦白，“在服务和科研试剂上是有盈利的，但目前新药研发的品种越来越多，研发投入越到最后，投入就越是指数性增长。整体来看，未来还会亏损几年。”

面对亏损的预期，谢良志却很有信心——他们把自己的身家性命全都投入进去了，这件事情一定要做好！新药、新疫苗成功上市，不但能挽救更多人的生命，他们自己的事业也会稳健扩张。

三　农村娃漫漫求学路

了解谢良志的人都知道，他没有豪言壮语，没有侃侃而谈，有的只是默默工作，矢志不渝、韧劲儿的追求。他出生于湖南的一个小乡村，改革开放后的高考政策让他可以通过知识改变自己的命运，国家多年的培养让他有幸获得进入国际顶尖学府学习前沿技术的机会，又是国家的快速发展、国家的科技和人才政策给了他回国创业创新的机会。他是国家改革开放 40 多年来巨大成就的见证者，更是一名成果卓越的建设者。

1983 年高考后，他第一次坐上火车，离开家乡，历时 3 天到达千里之外的大连理工学院(1988 年 3 月更名为大连理工大学)求学。在 1983—1987 年完成了无机化工专业课程，获得学士学位，1987—1990 年完成了化学工程专业课程，以优异的成绩顺利获得了硕士学位。

大连可以算作他的第二故乡，在他的心目中母校大连理工学院教师水平高、教学质量和学生素质都很好，学风非常纯正，具有非常浓厚的学习氛围。在这里，他孜孜不倦地汲取科学营养，每天坚持学习 11～12 小时，各科成绩都非常优秀，是大家眼中典型的“学霸”。

课堂上的专心听讲，实验室中的探索实践，图书馆里的书海徜徉，同学之间的研究讨论，一个个求学的画面成为他永生难忘的美好回忆，恰同学少年，风华正茂。

回首在大连理工学院的学习生活，谢良志满怀感激和怀念：“大学是我价值观真正形成、固化的阶段，大连理工学院不光给了我知识，它对我文化、价值观的培养也十分重要。”

谢良志在大二时就立志出国留学，继续深造。但是，刚考入大连理工大学时，他的英文很不好，可以说是班上最差的。英语成了他求学道路上的“拦路虎”。

在那段背单词、听广播、练口语的日子里，他不断告诫自己“我的个性中有股很强的韧性，只要坚持、只要付出，就一定有收获”。正是这种不服输的性格，使得他在除了学习专业课程之外，花费大量的时间和精力来学英语，在别人享受美妙的娱乐生活时，他抱着一本本英语学习资料用心地学习，甘之如饴。

一年后，他的英文成绩竟然名列全班第一，这让他更加坚信付出努力就会收获成功。英文已经从“拦路虎”变成了被打倒的“纸老虎”！英文已俨然成了他求索知识的有力武器。

通过不懈的努力，谢良志最终以优异的成绩考入了美国麻省理工学院，在那里继续深造，构建自己的知识王国。

在国际知名学府麻省理工学院，优越的学习条件和先进的教育给他提供了更加广阔的平台，接触到了更多先进的知识，开阔了眼界，更迎来了一次人生历程的重大变革。

当初在大连理工大学求学时，计算机技术刚刚在国内出现，计算机编程激起了他的极大兴趣。“一个程序解不出来，我可以不吃饭、不睡觉。”谢良志回忆当年，“简直到了着迷的程度”。于是，出国求学时选择了计算机专业非常牛的麻省理工学院化工系，原以为这算是一次学业上的“纠偏”。没想到，一次讲座却使得世界上多了一位生物医药国际知名的生产专家，少了一位计算机人工智能领域的潜力翘楚。

“那次是关于生物医药发展的讲座。”时隔20多年，谢良志对讲座内容记忆犹新，“讲座者说，人体里有溶解血栓的成分，但血栓一旦形成，靠人体自身溶解远远不够。这时候，通过生物医药制成的溶栓蛋白药就能用人体自有成分快速溶解血栓，中风的病人，只要及时打一针，就能得到很好的治疗”。当时在国内，中风的患者的后遗症基本上是偏瘫，这让谢良志博士大开眼界。“尽管对生物一窍不通，但我找到了更大的人生意义。如果我能研制出来新药，就有可能挽救我的亲人、朋友甚至我自己的生命，这太有价值和意义了。”

谢良志的人生转折在这一刻突然到来，他没有太多犹豫，“以前我只知道下功夫学习，却没有方向；出国以后，我知道学了可以做什么，目标更明确”。

就这样，谢良志从零开始，与本科生一起学习生物，并在第二年以化工系博士资格考试第一名的优异成绩，进入世界生物工程技术泰斗王义翘教授的实验室。

在王义翘教授的关怀和指导下，谢良志首创以化学计量模型控制的动物细胞高密度流加培养工艺技术，成功将单克隆抗体产量提高到 2.4 克/升，比当时文献报道的最高水平还高 10 倍以上，这对生物制药工程的发展起到了巨大的推动作用。该技术通过麻省理工学院生物技术中心的产学研联盟推广，在生物技术产品的工业生产中得到广泛应用，使生物药的产量得到了极大提升。

师恩难忘，回国后谢良志创立的公司也是以恩师王义翘教授的名字命名的，义是道义，翘是翘楚，符合他做生物制药企业的理念。

1996 年，他以优异的成绩获得美国麻省理工学院生物化工博士学位，并入职世界顶尖制药公司的美国默克公司，从事病毒疫苗的研发工作。

在这里，谢良志负责参与开发了 3 个上市疫苗产品的生产工艺，领导建立了全球领先的腺病毒载体艾滋病疫苗生产工艺。在行业内，他已然成了国际知名的动物细胞培养、单克隆抗体和病毒疫苗的生产专家。

在静谧的美国费城市郊，他拥有自己的房子，生活得幸福惬意，是众人眼中当之无愧的成功人士典型。但是，与很多人不一样，他一直在等待着回国发展的机会，期待着祖国召唤，回到魂牵梦绕的故土。

“在国内做一个一流的生物医药企业，要比在美国发展的空间大，也会有更大的发展舞台，在美国每个人就是个螺丝钉，你想，大的制药公司里面研发人员上万人，不可能什么都去做，在国内可以放大效益，你一个人可以带着更大的团队去做，你可以做专业之内的事情，你也可以做专业之外的更宽的一些东西。”谢良志一直坚信自己的选择没错。

2002 年 5 月 17 日，他正式从美国默克公司辞职，第二天就乘机回国，周一就急不可待地在北京上班了。他的美国同事和师兄弟们都很惊讶他为什么要选择到几乎没有任何生物技术产业基础的国内来工作。这个问题其实对他来说很简单，因为他从来就没有所谓的“美国梦”，回国就像回家一样地简单自然，不需要理由和太多的思考。

几年后，在神州大地这片热土上，谢良志和他的团队成绩斐然，创建了一家知名生物医药高科技企业。

谢良志在学习中成长，在成长中学习，逐渐由湘人学子，成为湘人的骄傲，民族的才子，时代的骄傲，尽管这一条道路坎坎坷坷，曲折不平，但谢良志一路走来，身后却留下了一串串清晰的足迹。

四　市场大潮风急浪涌，好博士慧眼识珠

谈到回国创业的艰难历程，谢良志回顾说：神州细胞创立之初为求生存，主要的目标业务是利用国际先进的下游产业化核心技术做生物类大分子药物的委托代工生产，提供产品生产时所需要的工艺开发、配方开发、临床试验用药、化学或生物合成的原料药生产、中间体制造、制剂生产（如粉剂、针剂）以及包装等服务，即时下流行的合同加工外包（Contract Manufacture Organization，CMO）。

但谢良志很快就发现国内当时根本没有好的上游品种，CMO需求更是没有。面对国内缺乏从上游品种创新到下游产业化的全套技术体系的状况，谢良志代领团队沉下心来开始一步一个脚印地做“打地基”工作，这一干就是十几年。

“困难主要来自行业的瓶颈期。我国生物医药领域与欧美等发达国家相比，起步较晚。不过，相对而言创新速度也较快。中国生物产业初步具备了走国际化道路的条件。要真正做大做强，我们在战略上一定要创新，只有创新才能适应行业的发展。同时，我们还要耐得住寂寞，踏踏实实，坚持下去。”

创业初期，谢良志博士团队没有自己的实验室，就在开发区的孵化器租用了几间实验室，没有招牌，非常低调。办公室、实验室、生产车间最远的也就是楼上楼下的距离而已，他的办公室门牌号和行政工作人员的门牌号一模一样，因为他的办公室就是在一个大的办公室中隔出来的。

如果不是业内人介绍，如果没有人事先告知，谁都想不到，就在这样一个角落里，建立了重组蛋白和抗体候选药物的快速生产技术平台，具有国际领先水平的动物细胞大规模培养工艺技术平台以及我国最大的重组蛋白库等同行业难望项背的大事。

16 年的拼搏，经过种种努力，谢良志博士团队于 2017 年年初入住了属于自己的研发基地。

凡是熟悉生物医药类企业的行内人士都知道：中高尖端仪器设备，动辄就几十万元、上百万元，这对于企业来说是一笔不小的支出。而研究的细胞是非常娇气的，用于培养细胞的生物反应器自然是价格高昂，当时设备依赖进口，一台培养规模只有 2L 的反应器设备少则十几万元，培养规模上百升的反应器价格对于处于创业阶段的义翘神州来说更是奢望。为了实现大规模的研究和生产，谢良志博士带领研发团队对国产发酵罐的使用进行了改进和技术优化，硬是将培养细菌的发酵罐改造成可以用于哺乳动物细胞规模化培养的形式，大大节约了企业的研发成本，更为高通量培养平台建设工作打下了扎实的基础，极大地提升了研发效率。

对科研攻坚来说，时间就是生命。即使在最困难的时候，研发工作也从未中断。多年来，谢良志博士经常每天只吃两顿饭，早出晚归，下班回家再干三四小时，如同上了发条似的“匀速运转”。他的公司也几乎“无休”——全年 365 天，除大年初一外，研发中心从未“放空”过。

回国创业以来，他只回过湖南老家两三次，有时甚至去湖南开会都路过家门不入，可以毫不夸张地说：这是现代版的大禹治水，三过家门而不入。好在现今社会，交通便利，“有时候父母会到北京来，但这样，有时也感觉到内心有些愧疚。但做事业必须有这种担当，你负责的不是你一个人的前途，是上百人的”。说到这些的时候，谢良志脸上短暂地失去了笑容，有一丝遗憾，但瞬间恢复的是坚毅与从容。

为了做药，双轮模式保企业发展，神州细胞开展重组蛋白和抗体工具试剂研发。当时，因为生物医药技术水平的限制，国内基本上没有新药研发企业，谢良志的公司首先遇到了在国内根本买不到研发工具试剂的难题。比如，靶点蛋白和抗体试剂，靠从国外进口要等 2～3 个月，价格也是国内的 2～3 倍。

在生命科学和医学研究中，蛋白和抗体工具试剂发挥着非常重要的作用，无论是结构生物学、神经生物学，还是生物标志物、干细胞研究；无论是做小分子药物筛选，还是进行大分子药物研发，它们都是必不可少的研发工具。但蛋白和抗体工具试剂的生产并不是一件简单的事情。

中国科学家赶超世界先进水平需要克服比欧美发达国家同行更多的困难，也许就因为一个进口试剂到货期晚了几天或者采用了质量差一些的试剂，生命科学研究的皇冠就会花落别家。国际高品质科研试剂的技术和产品垄断，更是加大了我国科学研究工作的研发成本，更形成了对国外试剂产品的依赖性风险。

怎么办？2008 年，谢良志经过反复思考后，决定不能受制于人。他又创办了义翘神州公司，专门开展重组蛋白和抗体工具试剂的研发和产业化工作。利用自身的工程技术优势，自主研制了一系列先进的蛋白研制技术平台，现在具备每年研制和生产 800～1000 种新蛋白的能力。

截至 2018 年 12 月，研发团队已经成功生产出 5300 多种重组蛋白，建成全球最大的蛋白工具试剂库之一，对全球生命科学基础研究和新药研发起到重要的推动作用。谈到蛋白工具试剂库对中国乃至全世界的意义，谢良志提到了一个词：变革。目前的状况是，全球众多从事生命科学研究的科学家，其科研流程都需要从基础的蛋白研究和生产开始，而这些他们并不擅长的工作原本应由工程技术人员来完成，科研单位不大可能产生规模经济，更会严重浪费科学家宝贵的时间和资金。并且，进行类似研究的众多实验室往往都做着同一个蛋白的研制，造成无意义的重复劳动。建立蛋白库，提前生产科研或药物研发工作中所必需的蛋白，将变革生命科学科研人员的科研流程，变革他们的经费预算，甚至变革他们的科研模式。谢良志说："假如之前某一实验室一年能发表5篇论文，和我们合作之后，在不增加工作量和研发经费的情况下，他们将有可能发表10篇论文。"

"公司90%的市场在海外，全球大型制药企业几乎都是我们长期的合作伙伴。"谢良志说，由于坚持自主创新，公司的临床前抗体候选药物生产速度比国外快一倍，从基因序列到几十克纯化抗体只需几周的时间，这在几年前是不敢想象的。

以较少的资源投入，创造出几何级数的产出，这就是创新驱动的魅力，也是企业牢牢掌控发展主动权的关键。

回眸谢良志博士2002年回国至今，他的公司已经走过了19年头。事实上，直到2008年，企业才实现盈利。但对于创业的艰难，谢良志总是轻描淡写："创业都有一个过程，我们走过来了。"现如今，谢良志博士带领的团队已经搭建了包括从基因到蛋白、抗体的全套产业技术体系，拥有国际领先的真核细胞快速瞬时表达技术，多个重组蛋白药物的生产工艺要比国外大型生物技术高10～20倍；已经研制生产出基础研究和新药研发所需的5300多种重组蛋白和9800多种高质量抗体工具试剂产品，这些高端试剂销往全球90多个国家和地区，相当于用几年的时间就完成了国外大公司二三十年的积累，具备一年生产800～1000种新产品的能力。

在研发资金方面，谢良志不是依靠风险投资，而是自力更生，把先进的技术拿出来，为国内外的客户提供高端的研发服务，靠技术优势在跨国公司中建立了良好的信誉和品牌。通过技术服务和试剂销售，基本可以解决新药研发和产业化的资金需求问题。可以说，谢良志走出了一条不依靠风险投资开发创新药物的独特模式。

五　良医的良知与事业的追求

现代医学，面对的不仅仅是传统医学的课题，更多的是现代社会不断发展带来的新的难题。例如，传染病、新病毒、空气污染、环境污染、食品污染带来的新的疾病。为了人类的生存，生物制药开始发力。首先是玻璃人翘首以盼的国产八因子。

所谓玻璃人，就是血友病患者。血友病是一种遗传性凝血功能障碍导致的出血性疾病，患者可有任何部位的出血。多数出血集中在关节肌肉，也有黏膜出血、内脏出血、颅内出血等。如果反复出血得不到及时治疗，患者将可能出现关节畸形、致残，甚至危及生命。但只需要注射凝血八因子，血友病人就可以像正常人一样生活。也就是说，八因子是治疗血友病的特效药，也是必须用药，不管有多少风险，都应该使用，否则就会有生命危险，而如果没有八因子治疗，则患者本身的生存就会有危险。

“全球有30多万名血友病患者，但仅有30%左右的患者能得到救治，主要原因是治疗甲型血友病的凝血八因子药物难生产，治疗费用昂贵，发展中国家的患者根本用不起。”谢良志说。

谢良志团队经过十几年的研究，终于攻克了一系列技术难关，领导建立了全球领先的重组八因子蛋白药物的研发和产业化技术，在工艺上取得了质的突破，即将投产的生产线将达到百亿国际单位的年产能，超过全球数十个八因子药物生产企业的总产量。

重组凝血八因子新药品种一旦上市，不仅能满足国内患者所需，还可以满足全球血友病患者的用药需求，有望从根本上改变过去60年来全球甲型血友病患者买不起、买不到救命药的困境，更可大幅度提高患者的用药量，并降低患者的经济负担。

"我做药是为了解决中国老百姓用不起高端生物药的难题。"在做药这条路上，谢良志始终初心不改，为了解决中国百姓健康问题、造福人类，他立志要开发出价格更低、疗效更好的药品，即使历尽千辛万苦，也不折不挠。

"医药企业永远要把社会效益放在第一位，最大的价值是用更安全、有效的药治病救人，光想赚钱就不该干这一行。"谢良志说，"想到能救更多的人，就觉得我这辈子没白活。"

谢良志表示："利润不是我们追求的目标，做药是为了人，不是为了利润。"

生物医药自身的特点决定了其是投入大、风险高、回报期长的行业。新药的研制过程充满不确定性，就算是过程一帆风顺，从实验室到临床，再到投入市场，常常也要花费十几年的时间。对此，业内亦有共识：研发新药，难度不亚于研制火箭。

2015年，谢良志带领团队在北京经济技术开发区、中国科学技术交流中心和国家外专局等单位鼎力支持下承办了"首届国际青年生命科学家亦庄论坛"。论坛关注骨架科研力量的主体——青年科学家，如高校讲师、研究生等，为之提供了很好的展示平台。谈到国际青年生命科学家论坛的初衷，他表达了对青年科学家们的殷切期望。

"在我们国家，生命科学的会议很多，但通常来做报告的都是知名科学家，如国外专家像诺贝尔奖得主，或者是国内的院士、知名教授。

这使成名成家的科学家有很多交流的机会，但是科研力量的主体——青年科学家，如高校讲师、研究生，并没有很好的展示平台。我们国家以后的科研创新，无论是在高校内还是在产业界，主力军都是这些青年科学家。所以我想在生命科学领域举办这样专门针对青年科学家和学生交流合作展示的论坛，给他们一个平台。我们请一些知名的专家教授来作报告，同时设立一些分会场，留足够的机会给研究生和青年教师，希望他们来作报告、做墙报，而不仅仅是来听会。”

创新药物的研发是一个投入大、周期长、门槛高的特殊产业，一个成功的生物制药企业，需要解决人才团队、研发工具、关键技术和持续的研发资金支持等一系列问题。相比于其他人的浮躁，他是一步一个脚印，从未焦虑过。“做药太难了，周期长，风险又高，真正意义的创新药研发没有10～20年的积累是不可能的事，而这不是每个人都能扛下来的。”谢良志知道，如果没有梦想，仅凭一时的激情，创业很难继续下去。

过去19年来，谢良志带领团队一直坚持、踏踏实实地在做一件事，就是“打地基”。具体来说就是培养人才团队，建立技术平台，建立产品管线，这些都是创新所必备的基本元素。我们比其他企业起步的时间早一点，坚持的时间长一点。因此，我们的“地基”也更扎实一点。在技术层面、创新和产业化能力方面，我们已经全面具备与国外一流企业竞争的底气和信心，可以做到内部全流程创新，技术上没有瓶颈，没有断点，可以做到不求人，技术上不受制于人，不需要引进国外的技术或品种。

目前，谢良志已经成为重组蛋白药物研制的中国旗帜，他的两个公司也“以一养一”双路并举，整体盈利，良性循环。面对刚刚起步的国内同行，“义翘神州”通过出让利润施以援手的国家级科研项目已经上千个。神州细胞自主研发的多个重组蛋白药物，如凝血八因子蛋白、神经生长因子蛋白等的工艺效率比国外企业的工艺效率提高10～20倍。

“我们目前在研生物药品种有11个，主要是用于治疗肿瘤和关节炎、血友病等免疫性疾病的蛋白和抗体药物，其中3个原创单克隆抗体候选药物的临床前结果明显优于国外上市的同类品种。”面对骄人的荣誉，谢良志的欣喜是那样简单。

谈到未来，谢良志博士说：“生物医药创业之路注定是漫长的，需要数十年长期坚持并不忘初心，要有耐心、恒心，还要有爱心。为了实现在中国建立一个国际一流生物制药企业的梦想，我愿意再奋斗三十年！尽我毕生精力做好药！”

六　良医报国，奉献丹心

2018年2月，谢良志当选为全国政协委员，这是他多年爱国敬业、献计献策的硕果。多年来，谢博士秉承科技创业、企业报国的理念毫不动摇，而且心怀赤子之心，建言献策，为现代社会的发展出谋划策。

在繁重的科研工作之余，他不忘初心，以对人民负责的态度，知无不言，言无不尽，受到了社会的好评。

2015年6月，他在《我国药物研发创新发展的机遇及建议》一文中深情写道：2014年，全球经济总量GDP达到75万亿美元，其中健康产业为7.5万亿美元，约占GDP的10%，全球药品销售总额为1万亿美元，仅占全球健康产业的13.3%、GDP的1.3%。过去40年来抗生素、疫苗、糖尿病药物、心脑血管药物，以及抗肿瘤药物的研发对人类健康和平均寿命的快速增长起到了至关重要的作用。

“吃药贵”反映的是人类社会对药品价值的低估和误解。一味追求药品低价的后果将导致药品质量下降和药品研发能力下降和投入的减少，进而导致新药研发的迟缓。

我国是一个人口大国，由于生育人口控制和人均寿命的快速提高，已经步入人口老龄化社会。经济发展和人口老龄化的双重因素，将快速推进对药品的需求，为我国制药行业提供了一个难得的发展契机。我国政府通过实施“863”计划、“973”计划，使重大新药创制专项和地方政府的项目资金扶持成为新药研发和创新的主要推手，已经为未来药物创新发展奠定了扎实的基础。同时，我国近年来实施的“千人计划”等人才引进工程吸引了一大批高端留学人才的回流，很大程度地提升了我国药物研发的创新能力。我国既有巨大的药品需求，又基本具备了创新的人才和技术储备，那么制约我国药物研发能力和国际竞争力的主要因素是什么呢？

谢博士科学地分析道：第一，我国现行的药品临床和上市审评制度和人员配置不够成熟，导致新药研发周期比欧美发达国家长4～6年，极大地增加了研发成本和风险，抵消了创新的价值，从而导致企业只重销售，不重研发，轻创新(高风险，审评慢)，也同时引导资本市场流向销售和仿制企业，而不是最需要资金的创新企业。欧美发达国家已建立比较成熟的药品审评和监管体制，采取宽进严出的临床审评原则。

第二，我国采取的各省市单独招标制度严重制约了创新药物进入市场的时间。各省市单独招标，药品报价低的品种往往中标，造成劣质(甚至无效)低价的药品被大量使用，造成大量资金的浪费。现行的药品招标制度既不利于保障药品质量和患者的权益，也不利于鼓励创新，加快创新药品进入临床应用，更不利于提高医疗资金的使用效率，既增加了政府的招标负担，也极大地增加了创新企业应付招标的人工成本。

鉴于生物医药对我国人民健康的重要性和对未来高质量经济发展的巨大潜力，以及我国现行政策和市场环境对生物医药产业发展的制约，亟须政府采取有力措施，大力推动生物医药创新和产业发展。谢博士提出几点具体建议：

首先，采取多种措施解决药品审评瓶颈：一是调研成立几个区域性的地方食药分局的可行性，对药品监管统一集中管理，打破地方保护主义，提高监管效率和消除各地标准不一致的不公平现象。此外，建议调研国家食药总局和地方局的人力资源分配是否合理，平衡地方监督核查人员和国家技术审评人员的比例，适度从地方局的监督管理人员中调配人员，增强国家部门技术审评的力量，加快药品审评的速度，有效减少药品审评排队等候的时间。二是调研在我国取消药品临床申请审批制，推行欧美发达国家成熟的、有利于创新、更科学合理、宽进严出的临床申请备案制，从根本上解决药品创新的关键瓶颈。

其次，尽快建立创新药品快速进入临床应用的市场环境。针对创新药物，建立快速进入全国基本药物目录的统一价格协商机制，根据药品带来的价值而不是药品的生产成本来确定价格，取消各省市各自招标的烦琐环节，推动创新药物快速带来社会效益和经济效益，解决企业和资本创新原动力不足的根本问题。只有确保药品研发和创新的高利润，才能推动优秀人才、社会资本向生物医药行业汇聚，才能推动企业大比例投入医药创新，承担巨大的研发风险，才能推动生物医药企业长期持续创新，推动我国生物医药产业从低端仿制向原始创新转型，形成国际竞争力，让中国企业研发生产的创新药物真正能够进入国际市场。

再次，就是大幅度增加政府对医保的投入，重点保障基本药物目录中创新药物的采购。药品是治疗和预防疾病的关键，一方面普通老百姓觉得吃药贵，而另一方面药品采购却仅占健康产业总投入的10%。药品的价值和作用被社会严重低估。作为特殊商品，而且是全流程严格由政府监管的商品，其价值很难被普通百姓理解，因而需要通过政府的机能来提升药品的价格。政府加大对创新药物的采购既可以提升创新医药企业的销售和利润，从而推动企业的研发创新投入，进入良性的创新循环；同时也可以改善人民的健康水平和幸福指数，还可以提升国家GDP

的质量和总量，是一个一举多得、利国利民的举措。

最后，政府还要大幅度增加对肿瘤等重大疾病和罕见病治疗费用的报销力度和医保投入。医疗保险的真正意义和核心作用是当高额医疗费用超出个人支付能力时由保险支付，老百姓不会因为小概率的重大疾病而放弃治疗或因治病而破产、致贫。买保险买的是心安和没有后顾之忧。我国的国家医保和商业保险均设定了很低的支付上限，从很大程度上抵消了医保的功效。

谢博士坦诚建言：加大政府对生物医药研发和创新的科研项目和产业化税收扶持力度。生物医药创新的长期高风险、高投入是我国创新型生物医药企业现阶段无法承受的财务压力，需要政府通过科研资金扶持提升企业的创新能力，并通过降低企业税收鼓励资本进入生物医药产业，利用社会资源进一步推动企业创新，同时也能提升我国生物医药企业的国际竞争力。只有通过早期的政府扶持和培育，我国生物制药企业才有可能快速成长起来，并形成国际竞争力。

七　做有良知的生物药医药科技工作者

何为好医生？不是医术高明就是好医生，而是应该像白求恩那样，时时刻刻为病人着想，才是一个医德高尚的好医生。而社会评判一名医生好坏的一个重要标准，也应该是不管患者有没有权、有没有钱，医生都兢兢业业为患者看病。至于医生的医术水平高低，那要看他能力的大小。只要有为人民服务这种精神，就是一个高尚的人，一个脱离了低级趣味的人，一个有益于人民的人，这是医德的标准。

谢博士也有这种追求高尚医德的愿景。一次上台时，经常进行科研成果分享的谢良志罕见地紧张了。台下听众既不是学界泰斗，也不是政府领导，而是来自全国各地的血友病患者和家属，那些热切的眼神，让他感受到了前所未有的压力。作为北京义翘神州生物技术有限公司的创始人，他几乎是一字一顿地郑重宣告了这个好消息："很快，中国血友病人也能用得上、用得起药了！"

在病痛折磨的患者队伍中，有这样一个群体，一处看似不起眼的小伤口，就会血流不止，甚至可能会威胁生命，这就是败血症，也被称为血友病。这部分患者，多是一个不太为普通大众熟知的群体，也被称为"玻璃人"。其实，只要及时用上一小管现代医学的新产品"八因子"，他们就能迅速恢复正常。然而，几十年来，全球血友病人一直面临药物供应严重不足、价格昂贵的难题，使许许多多的血友病患者望而却步。由于不能得到及时治疗，国内大部分成年血友病患者都会无奈致残。

科学不畏难，意志能攻坚。2014年，义翘神州在血友病救命药重组"八因子"的生产工艺上获得突破性进展。此时，提前布局生产基地成了最大难题。"科研取得突破的时间点很难预测，可是到了那个时点，再去申请土地，已经来不及。"谢良志说，"八因子"的生产工艺要求极高，生产基地最好能就近落地，可在土地资源紧俏的亦庄乃至整个北京，都很难找到合适的建厂规划用地。

关键时刻，北京市各类资源配置向高精尖、"白菜心"产业的倾斜起了作用。为了让"八因子"生产线这一极具民生意义的成果尽快落地，北京经济技术开发区管委会领导，多方走访园区企业，硬是从其他企业那里"磨"出一块地，匀给了义翘神州。

让谢良志和不少同行愈发感到庆幸的是，经过最近五年的大发展，北京市生物医药产业的整体环境今非昔比。亦庄生物试剂物流中心的成立，为生物医药企业开辟了便捷的试剂进出口"绿色通道"。生物医药产业上下游企业和行业生态的集聚，让北京对生物医药领域人才的吸引力"滚雪球"般上升，仅仅在义翘神州一家公司，海外归国人才就有好几十位。

为患者之想而想，为病人之急而急，瞄准市场，造福人类，这就是义翘神州追求的终极目标。谢博士为此呕心沥血，争做新时代有良知、医德高尚的生物医药科技工作者。

如今，在义翘神州，还有多项像“八因子”这样的创新药研制即将进入收获期。“十几年潜心打基础，终于要进入集中爆发期了，请大家拭目以待。”谢良志信心满满地说。

八　培养后人，奠基中国医药科技的崛起

如果梦想有颜色，那它一定是中国红。谢博士介绍起自己的人生追求，毫不隐瞒自己的观点：“我去美国是为了学习，我骨子里是中国人，回来做事是必然的。”树高千尺不忘根，人行万里不忘本，谢良志的身体里流淌着中华民族的血液，他用满腔的民族情怀和远大的个人理想擎起了生物制药的中国旗帜，要让民族品牌光耀神州。

见过谢良志博士的人，都会留下深刻的印象，他个子不高，略显清瘦，戴着眼镜，总是一副笑眯眯的样子。多年来，他每天只吃两顿饭，全天工作 14～16 小时，把全部精力都投入到了新药研发上。如此敬业的精神让整个团队都随了他“拼命三郎”的风格。虽然他从未将企业文化用几个短语写出来贴在墙上，但大家都是把敬业奉献的职业操守渗透在工作岗位上，不喊空口号。

他坦诚：“我最大的爱好是工作，最大的休息是工作，因为我觉得，最有‘意义’的事情就是工作。我最不喜欢假期，一到假期就觉得难熬。亲戚朋友会到处旅游，那有什么意思呢？看看新的科研文献，了解新的行业信息，我觉得就很轻松。在听了那场涉及生物医药的讲座之后，我发现了对人类更具意义的广阔天地。于是，我毫不犹豫地将人生的车轮

‘调头’，将身家性命全都投入到生物制药的大事业中。”

为此，他以书信的形式，为国家招揽人才，书信中写道：

见字好！15年了，没想到这一走就是15个春秋，时间过得真快。我还记得，当年我走的时候，同事们都笑我傻，但其实，我从一开始就知道我是要走的。因为我来美国是为了学习，所以，我心里知道，终有一天我是一定要回去的。我现在在北京的一个经济技术开发区工作、生活。每天的工作都很简单，2顿饭、5小时的睡眠，其余的时间都泡在实验室。国内的制药企业，大都看重社会效益。与仿制药周期短、收益高相比，研发新药的成本太大，也没有人愿意投资。但我依旧认为，做药是为了人，不是为利润。刚回国的时候，我发现国内实验材料蛋白十分缺乏，我们做研究根本买不到研发试剂。于是我们决定开始研发蛋白工具。中国突发H7N9禽流感疫情那年，我们仅仅用了12天时间就完成了H7N9的血凝素蛋白生产，面对埃博拉、H7N9病毒，我们做的科研试剂是全球最快的。

每当午夜梦回，其实我很感激当初做了那个决定的自己。我的员工经常取笑我，说我没有一个老板的样子，但我喜欢他们管我叫“科学家”。对于一个白手起家的生物医药公司来说，10年其实很短。“做药不是为了利润，而是为了服务人类健康”，当年，我走进默克的第一天，就看见了这个公司创始人的座右铭。后来，这句话就成了我自己的人生座右铭。直到现在，我都很感恩默克公司，感谢公司对我的信任与栽培；也感谢您对我的照顾，对我当时做的决定的支持。

替我问候您家人安好，欢迎来北京，来亦庄找我。

不仅如此，谢良志博士还努力搭建新的平台，为高新技术培养人才浇水施肥。为进一步了解举办青年科学家论坛的意义与目的、科学家创办创新企业的难点与效益、生物医药领域的现状与前景等问题，科学网记者对“千人计划”教授、北京义翘神州生物技术有限公司董事长谢良志博士进行了专访。

谢良志对青年学者关心的成长平台问题、医改药价等民生问题、“短平快”的经济文化如何转变成长远的创新模式等问题，都提出了自己的见解。同时，他也希望通过自己的努力，建设出一个具有国际影响力的高新技术公司，改变国产产品低成本、低质量的固有形象，从而达到国内科研界信任国产试剂、国内企业助力国内科研发展的良性循环。

青年交流：给“非知名”学者一个展示的机会

问：您为什么会想到承办第一届国际青年生命科学家论坛？也给大家简单介绍下该论坛吧。

答：在美国，青年科学家和学生在成长的过程中，会有很多的机会来培养表述能力，因为做科研的人要能把你的成果表述出来。他们可以通过研究生期间的组会，定期地把自己的研究进展、成果给同学老师讲出来，接受批评和建议，来锻炼自己的沟通能力。在毕业之前，学生还会有一两次机会，走出校门，在学术报告上给别人讲自己的内容。

在我们国家，生命科学的会议很多，但通常来做报告的都是知名科学家，如国外专家像诺贝尔奖得主，或者是国内的院士、知名教授。这使成名成家的科学家有很多交流的机会，但是科研力量的主体——青年科学家，如高校讲师、研究生，并没有很好的展示平台。我们国家以后的科研创新，无论是在高校内还是在产业界，主力军都是这些青年的科学家。所以我想在生命科学领域举办这样专门针对青年科学家和学生交流合作展示的论坛，给他们一个平台。我们请一些知名的专家教授来作报告，同时设立一些分会场，同时留足够的机会给研究生和青年教师，希望他们来作报告、做墙报，而不仅仅是来听会。

问：那这样一个“请青年科学家作报告”的新概念论坛，在创办之初也会遇到类似于青年学者支持不够的困难吧？

答：是这样的。学校的老师也没觉得学生出去作报告很有意义，他可能就不鼓励。学生之中没有这个氛围，你给他机会，他也不太敢。这个可能需要经过几年的宣传和习惯。还好北京经济技术开发区的领导很重视、很支持。

这次论坛邀请了很多国家千人和知名学者，如施一公教授，他也很支持青年学者交流，他会在闭幕式作报告。此外，还有美国科学院院士，芝加哥大学教授、神经生物学专家等国际学者到来。但是唱主角的是青年学者和学生。这次与会的有将近300人，覆盖80多所科研机构和高校。我们希望把这种青年学者论坛机制建立起来。

本次论坛涉及了一些热门领域，包括干细胞治疗、抗体药物、结构生物学等，希望国内科学家相互了解、相互合作。

问：这次论坛，我们既看到了很多生物行业的领军人物，也看到了不少的高校师生。请问，作为一个新概念的学术论坛，这些人是怎么邀请过来的？

答：我们得到了千人计划联谊会、科技部人才交流中心和国家外专局的支持，这些科学家也愿意参与到推动青年学者的交流互动中。我们也在高校中做一些宣传，希望这个论坛对大家起到积极的作用，今后会有更多的学生参与到这个平台中来。高校学生参与会议的习惯是“听”，只旁观不参与。像美国化学学会年会，一个上万人的会议，参与者80%是研究生，参会人员大部分会做墙报、作报告，会有收获、有锻炼。

生物医药：先进的技术与不先进的文化

问：公司为什么起名叫“义翘神州”？是因为您的导师是王义翘教授的缘故吗？

答：王义翘教授8岁就到了美国，后来成了生物技术领域在国际上的泰斗级人物。他很想为中国做些事情，很想推动生物医药产业在中国社会的发展。我在2007年创办这个企业时，征求他意见说希望用他的名字来命名，他也很高兴。正好他这个名字，义，是道义，讲我们做生物医药的人解决病人的问题，是对人类健康的道义；翘，是翘楚，表示我们要做好药，符合我们做生物医药企业的理念。

问：我们常说“21世纪，最重要的是人才”。企业推出了大量重组蛋白、抗体、ELISA试剂盒产品，而且产品数据殷实，可以做到这些，说明公司已经具备了一定的研发和质控能力，那么义翘神州在人才引进和人才培养上有哪些经验？

答：做生物医药第一是要有人才。重复的工作意义不是很大，在创新工作中，人是最关键的。我们国家人很多，但是真正做创新的人才还是有限的，我们一边自己培养人才，一边也从国外引进人才，双管齐下。

我们国家从事生物医药产业和研究的总人数是非常庞大的，但在北京招募人才，一些生存成本的压力使招聘更具挑战性。从对企业长远的发展来看，我们要做得更好才能把人才留下来。另外企业文化要能解决员工的诉求，使他感觉到我这个人是有价值的：我贡献几十年是可以做出成绩的，做出高质量的药品是可以创造社会价值的。

问：我们高校和院所里从事生物方面学习研究的人数确实不少，但是生物专业的就业在每年也是会被“亮红牌”的。大家反映，很多毕业生纷纷转行，即便在生物公司也大多从事销售工作。这是什么原因导致的呢？

答：大家都知道生物医药的重要性，所以从事相关研究的人员很多。而高端人才主要流向了出国读书和跨国企业两个方向，人才普遍认为外企更有出路。其实，我们国家自己的民族企业的创新能力也已经起来了。国外公司有很多年的基础，可能你一去就能产生效益。但我们自己的企业从零创业，需要从业者有更长远的眼光。

转行不做研发，而做销售，同样反映出一个只看到短期效益的问题。我们的企业太多，所以大家都在拼销售。如果大家都去做销售了，就不可能有竞争力。企业首先得有好产品，不用销售也会有销路。这跟医院的采购情况、招标模式有很大的关系，也需要一定的医疗改革。让真正好的东西不需要拼销售就能走到大家面前，才能建立起国际化的品牌。

过去的 20 多年里，很多企业急功近利，不追求品牌质量。但是，某一个实验室上过当了就不敢再相信国产试剂了，这影响了我们整个国产生物医药领域的口碑。越高端的、经费充足的实验室，越依赖国外的试剂，这是恶性循环：我们把钱送到国外去了，民族企业起不来，我们还要到国外去买东西。这个风险是很大的，试剂是消耗品，假如天灾人祸，比如冰岛火山爆发，国际航班进不来；比如与一些国家发生经济纠纷，试剂送不过来了，一般实验室也就能坚持 3～6 个月。

问：但是我们在一些应急传染病方面的反应还是非常快速的，走在国际前列的。为什么在基础领域的产品反而得不到国际认可呢？

答：应急传染病方面的成就，比如埃博拉、H7N9 病毒出来，我们做科研试剂的速度非常快，得到了国际的认可，成了主流的供应商。国外一些传统的公司可能比我们还要晚一两年，那时应急的时间已经过去了。

但传统的国际品牌已经很知名了，我们一个新公司去跟他们抢生意很困难。但新的药物方面的研究在国际上是空白的，我们可以较为容易地获得一定的认可度。我们在应急领域的领先也是个突破口，让我们克服国外科学家对中国公司的观念，改变他们对我们国家制造业低成本、低质量的印象。像化妆品、衣服鞋子、手机、玩具，大家都很认可国外的品牌。其实这些技术都不难，改变一种认识习惯需要时间。比如，我们 80%的试剂是销往欧美国家的，在国内的认可度反而很难上去，因为大家对国产试剂缺乏足够的信心。

科学创业：长远眼光下人才技术与资金的良性循环

问：回国创业至今，您觉得最困难的是什么？

答：做生物医药的创新，充满了困难。一是品牌问题。国外也不认可中国公司的产品，国内也不认可国产试剂。这里有很多客观历史原因。我们国家的传统行业，都是短平快的。生物医药是独特的，它需要10～20年的研发周期，才能得到一个比较好的产品，很多人不愿意等。

二是生物医药产业全流程受政府严格监控。进临床需要审批，作出之后的招标定价也很严。原来的药企主要做仿制药，评审很简单。但是现在国家有能力了，鼓励原创，一个在国外没出现过的东西怎么评、怎么审，需要国家更多的投入。法规上也要创新，政策环境也是需要改变的，以适应从仿制到创新药的新形势。目前政策比几年前好多了。

三是人才问题。大家愿意出国，愿意做销售，这需要改变一代人的思想观念：创新才能真正地创造价值。不看长远而看眼前利益，是这几十年来的一个文化缺陷，这需要从基础教育做起来。

四是资本支持。一个公司不盈利很难上市，但是15年的创新周期使公司在前15年不能盈利，盈利需要做低成本的仿制药，这就又进入了恶性循环。药企利润率只有5%，怎么能拿20%做研发？大众也要认识到，健康是无价的，药也不能像普通商品那样只看成本价。

博观而约取，厚积而薄发，谢良志用过硬的技术打了一个又一个漂亮仗。奇迹是源于技术的积累，源于国家的支持，源于责任感、使命感，源于长久以来的不懈追求。“我做药是为了解决中国老百姓用不起高端生物药的难题。”在做药这条路上，谢良志始终初心不改，为了解决百姓的健康问题、造福人类，他立志要开发出价格更低、疗效更好的药品，历尽千辛万苦，百折不挠。

昔日校园内，谢良志在浓厚的学习氛围中，孜孜不倦地汲取科学营养。今天，他以科学家和学者的严谨问药，以企业家的专注制药，以医者的仁心施药，以赤子般的情怀和敬业奉献的精神奋斗在追求梦想的道路上。

“大风起兮云飞扬，安得猛士兮守四方。”新的猛士已站在远方的地平线上，挥舞着科技医药的利剑，护卫着人民的安康！

中华孝道传家久

——记孝老爱亲的道德模范 任全来

罗 英

人物简介：

任全来，男，1944年11月生，石景山区五里坨街道高井社区退休职工。任全来夫妇20年如一日，赡养三家6位老人及4个孩子。特别是再婚妻子前夫的父母，与任全来非亲非故，仍然不离不弃，让92岁的老人安享晚年。20多年间，他坚持三边跑，精心照料三家老人的生活，使妻子前公婆不仅获得了生活便利，更是得到了心灵慰藉。

一 人生多难，坎坎坷坷一路走来

他，是太行山的儿子，1944年，他降生在河北省百花山下、拒马河畔十渡附近的蒲洼乡东村一个大山坳的山村里，自幼饱经战争的忧患。

伴随着新中国成立成长的脚步，任全来就像家乡的一棵白杨，渐渐地长大了。1965年，21岁的任全来，迎来了人生的第一个转折点，他意气风发地走进了中国人民解放军的大熔炉，远赴东北的吉林省柳河县军用机场当兵。作为空军地勤，他不仅开阔了视野，还受到了锻炼。4年后，他光荣退伍。那时候的任全来，春风得意，意气风发，回到村里不久，就进了大队领导班子，充分发挥了自己的复员退伍军人的特长，任副书记兼民兵连连长，主管村里民兵工作。

1975年，他再次迎来人生的一个转机，被北京建材公司招工，从大山沟来到北京石景山区，成为现代公司高井夹汽砖厂三场职工。由于他俭朴、肯干，吃苦耐劳，很快被提拔为技术工、车间主任、书记。翌年，他在享受事业蒸蒸日上的时候，又获得了爱情，与河北涞水的一位贤惠的姑娘喜结连理，组建了家庭。

那个时候，对任全来来说，不仅是春风得意，而且是喜事连连。先是在农村青年渴望当兵入伍的年代，他在同龄人羡慕的目光中，脱颖而出，成为解放军大熔炉里的一员；复员转业后，又被提升为村干部，成为年轻有为的后备人才。此后，他又如愿以偿，由偏远的农村，招工进城，转为城镇户口，成为城里人，这是多么让人羡慕的事情。

在进入一个全新的环境时，任全来凭借在部队里多年锤炼的素质，很快就崭露头角，成为厂里的技术骨干、中层领导，领导一个百十人的大车间。与此同时，婚后不久，他又喜上加喜，妻子先后给他生下了一女、一儿。小家庭只靠他一个人月薪50元的收入，还要不时地接济乡下的父母、兄弟，日子虽说过得紧紧巴巴，但总体上还是过得去！

任全来的妻子实在看不下去了，就顶风冒雪，到砖厂去捡半头砖，找个僻静处码成方，出卖给附近农村的盖房户。一方半头砖重达几千斤，要拉一马车只卖6元钱。她抽百分之四十，百分之六十归砖厂，以此，挣点儿辛苦钱，补贴家用。虽然日子很清苦，孩子大人受些委屈，可家里的小日子还是有了起色，有了奔头。

俗话说：人有旦夕祸福，天有不测风云。如果说，按照正常的日子发展，本文主人公的晚年，可能是另一种结局，可事情的发展，却展现了其另外一面，客观世界不以人的意志为转移。

猝然而至的不幸，犹如沉重的一闷棍，打得任全来懵懵懂懂，不知如何是好。得知噩耗后，这个正值壮年的男子汉，一时晕头转向，几乎失去了生活下去的勇气。多年之后，面对笔者的采访，提起往事，这位古稀老人，还是唏嘘不已，眼里噙满了泪花……

那一天，在任全来前半生的日子里，刻骨铭心，终生难忘。

1992 年 4 月 10 日，是他一生中最为灰暗的日子，第一任妻子回河北涞水老家照顾父母，傍晚，正在上中学的儿子骑车到石景山南站去接她，没有接到。当天晚上 7 点多，厂里领导来电话，告诉他他妻子的“案情”，先是没有说出真实情况，说只是受伤住院。待他赶到医院后，才明白是怎么回事。据勘查现场记录：晚上回来时，她过铁路线时，因光线昏暗，经过铁路时，不慎被火车撞死。

家里少了女主人，犹如少了半边天，顿时没有了欢乐。孩子们整日泪流满面，他也心灰意冷，失去了生活下去的勇气。当时，两个孩子还都小，不懂事，一个高中毕业没有安排工作，一个在上初中。妻子去世后，任全来又当爹又当娘，顾家又要顾企业。当时，正是改革开放的重要关头，很少有休息的日子，但他时刻提醒自己：不能倒！不能趴下，于公受党培养多年，现为厂支部书记，许许多多的人在看着他！于私，两个孩子，还未长大，需要照顾、培养！于亡妻，她的在天之灵，也在关注着他，不能倒下！千万不能倒下！他告诉自己，咬牙也要撑起这个家，把孩子们养大成人！

就是在这样的信念支撑下，在人生艰难的日子里，任全来这位历经农村、部队磨炼的男子汉，逐步摆脱了丧妻带来的生活阴影，全身心投入到厂里的工作当中，同时，他也尽可能挤出时间关心女儿、儿子的成长，使他们感受到家庭的温暖和父亲的关爱。

二　梅开二度，爱意再绽新花

那时候的任全来，虽然遭遇了人生的一大不幸：中年丧妻，但他还正值中年，没有泯灭自己的斗志。上班工作踏实，任劳任怨，下班照顾失去母亲的孩子，尽心尽力。厂子跟左邻右舍，对他都是赞不绝口。

由春到秋，岁月的无形魅力逐渐抚平了他丧妻的伤痛。看到他一个大男人拉扯两个不谙世事的孩子，日子过得艰难，不断有好心人给他建议：要他再婚。可任全来多次婉言谢绝，一方面是他还没有走出丧妻的阴影，睁眼闭眼，妻子的音容笑貌，还不时浮现在脑海，他幻想有朝一日，出远门的妻子还会回来，他们一家四口，其乐融融。直到过中秋节时，看到邻居们团团圆圆，欢天喜地，他才意识到：自己永远失去了妻子。更加让他伤心难受的是，他偶尔看到女儿、儿子在一起悄悄抹泪，心里更不是滋味。更担心再次娶妻，会让儿女们受委屈。为此，他一次次谢绝热心人的好意，独自品尝人生的苦酒。

厂领导出于关心职工生活，多次做工作，要他解决后顾之忧，照顾好子女，组建新的家庭。鉴于这样的考量，他的心弦被拨动了，情感的闸门被打开了。

1992 年，任全来与现任妻子刘克清再婚。说起刘克清，也是一个不幸的人。她原本是北京市门头沟区回收公司的职工，育有一儿一女，日子过得虽说不十分富裕，却也过得去，可孰料厄运骤降。前夫突然得了不治之症，还没有来得及医治，便撒手人寰，抛下了她和两个未成年的孩子。刘克清在一个普普通通、收入低微、濒临破产的企业上班。她一个稚嫩女人的肩膀，怎能承受这意外的打击？在人们的撮合下，两颗破碎的心惺惺相惜，两个几近损毁的家庭走到了一起。婚后，任全来夫妇承担起照顾 4 个孩子、赡养 6 位老人的责任。

其实，这几句话，说起来容易，做起来就难多了。四个孩子，两个血统，各有各的性格，各有各的特点。同住一个屋檐下，同吃一锅饭，有喜欢吃辣的，有喜欢吃甜的，有喜欢吃淡的，众口难调。作为一家之主的任全来，以大爱之心，关爱着每个子女，亲生也不偏疼，再婚之妻带来的，他也不歧视，一碗水端平，一视同仁，由此赢得了孩子们的尊敬和爱戴。孩子们无论上什么学校，考什么专业，都争着与他商量，听听父亲的意见。

家庭幸福了，任全来工作起来更加努力，不久他便被提升为砖厂主任，后又出任建材公司一厂书记。1994 年，任全来被现代建材公司提升为武装部部长，负责厂区的安保工作，十多次被评为市建材局、区建材公司先进党支部、优秀共产党员、先进工作者。

回眸过去的 20 多年，任全来风雨无阻。领导对他的评价是：工作中有方向，退休后有风范。群众对他的评价是：有情有义，爱家人、爱国家，堪称一个模范男人。2000 年 3 月，任全来退休后，积极参加社区治安巡防。在北京奥运会、新中国成立 60 周年庆典期间，他日夜守卫重点目标的安全，从不计较个人得失，深受大家的好评。

细数任全来几十年的工作生活经历，他只是千百万北京市民中的一员，没有多少轰轰烈烈的事迹，只是以自己踏踏实实、任劳任怨的方式，一步一个脚印地走好每一步。而这份踏实牢靠，任全来的家人，感受比谁都深。

任全来第二次组建家庭，除了夫妻两人，还有四个孩子和六位老人，堪称一个成员复杂的大家庭——这也是任全来的家与许多其他家庭不同的地方。

熟悉任全来的人都知道：虽然他们兄妹多，又早年父母双亡，不需要他的赡养，但前妻因车祸过世后，老人无人赡养，他再婚后，组建了新的家庭，夫妻两人要养育四个孩子，而家中要照料的老人，也增加到六位：任全来第一任妻子的父母、刘克清的父母，以及刘克清前夫的父母。他没有像社会上少数不孝之徒一样，眼睛只盯在钱上，而是力所能及地给予双方父母更多的照顾。为此，有人不解！有人讥笑他傻。他对此一笑了之，不以为然，以一个晚辈的责任尽孝心，施孝道，践行一个男人——一个顶天立地太行山之子的诺言。

每到节假日，任全来就三边跑。每次去看老人，他都给老人买这买那，陪老人聊天；为几位老人擦身、洗脸、洗脚、剪指甲；每顿饭总要先问问老人想吃什么，挑他们喜欢吃的做。刘克清的第一任丈夫是独子，在嫁给任全来之前，她有过迟疑："我丈夫是家中独子，他去世后公婆只能靠我照料，我嫁给你了，他们怎么办?"没想到，面对这份犹疑，任全来拍着胸脯保证："别担心，你的公婆就是我的爹娘。"更没想到的是，这一句承诺，任全来坚守了 20 多个春秋。

岁月记得：他与刘克清结婚后的一天晚上，任全来像往常一样来到老人家里洗衣服、换床单。他留意到老太太的兴致不高，就端来温水想给她洗个脚解乏。看着眼前蹲在地上为自己洗脚的任全来，老太太的眼眶湿了、心暖了。从那以后，每次任全来进门，老太太就一口一个"儿子"地叫着，笑容满满。老人失去亲生儿子的痛苦，在任全来的悉心陪伴和照料下，得到了一些慰藉。

任全来夫妇去看望老人时，总是一边默默做着家务，一边找机会与老人聊天，耐心倾听老人的喜怒哀乐。老人见到久别的亲人，话匣子一打开，什么忧伤愁怨、家长里短都会一直讲。他们耐心倾听，替老人分担，换来了老人的幸福和开心，成了老人的开心果、知心朋友。两位老人感动地说："小任就像我们的第二个孩子一样。"

刘克清的婆婆已经九十多岁。任全来夫妇还时常陪伴在老人左右，与老人聊天或外出散步。老人年纪大，吃饭气门合得慢，老是呛着，他就用汤勺一点一点地喂，一顿饭要吃半个多小时，等他自己去吃饭时，饭菜早已凉透了。老人生病住院时，任全来就像亲生儿子一样，穿梭于单位和医院之间。他每天早晚为老人脱衣穿衣，整理被褥，端屎倒尿，擦身洗衣，饮水喂饭，照顾得无微不至。

任全来对另外几位老人也是一样。一次，任全来的岳母得了急症，腹泻不止，她第一个想起来的，不是住在附近的几个子女，而是给身在北京的任全来拨通了电话。得到消息后，任全来和刘克清立马赶去河北涞水，照顾老人。每年过年，任全来把三方老人都方方面面地照顾到，让老人们都能过上团圆年。刘克清前公公去世后，婆婆孤身一人。每年春节，任全来都把老太太接到家中一起过除夕。大年初二，任全来给刘克清的父母拜年，接下来再赶赴河北涞水，到岳父母家吃团圆饭。

任全来夫妇的孝心感动了左邻右舍以及亲朋好友，街坊邻里夸赞他们是“平凡的人做出了不平凡的事情”，而任全来觉得这只是自己应该做的。他说：“人人都会老，家家有老人，我也会有走不动的那一天。敬老养老是每个人应尽的法律义务，也是做人的起码道德。”

三　言传身教，儿女接棒尽孝

孝道，是一个普普通通的词语，说起来容易，做起来难。何为孝？听老人的话，即为孝。何为孝道？尊重老人就是孝道，孝道传家久，是中华民族的传统美德。中华民族上下五千年，父母是孩子的第一任老师，言传身教，家庭的影响潜移默化，孩子们受到父母言传身教的感染，非常孝顺。

在任全来夫妇的影响下，他们以父亲为榜样，对三家的爷爷、奶奶都格外关心。现在，每逢节假日，任全来的孩子们都会回家看一看，这让老人们觉得非常欣慰。

对亲人的关爱，让这个重组家庭充满了温暖。再婚之初，任全来的儿女心中还有些隔阂，他们还没有从亲生母亲离世的伤痛中走出来，也认为继母的到来加重了父亲的负担：本来工作就忙，这下还要再多照顾四位老人，觉得“爸爸是没事给自己找事”。

渐渐地，孩子心里有了怨言。1993 年春节，两个孩子赌气回了河北姥姥家。在万家团圆的日子里，任全来却默默地喝起了苦酒。妻子刘克清看在眼里，急在心里，她一边劝解任全来，一边更多地承担起家中的担子，留心和关注孩子们生活上的细节，用实际行动跟孩子耐心、细心地沟通。慢慢地，孩子们理解和认同了父母的不容易，一有时间就去照看爷爷奶奶，尽全力为父母分忧，一家人相处得越来越融洽。

2010 年，刘克清因交通事故双腿粉碎性骨折，任全来一着急也一连几天觉得心脏不舒服。四个儿女都赶回了家，轮流照顾着任全来和刘克清。医院里，任全来的女儿小青每天给刘克清洗脸、擦身子、喂饭……还一口一声“妈”地叫着，刘克清总是满怀感激地答应着。

家里，刘克清的儿子小欣每天下班后都赶回家做饭，任全来总是说：“我自己能行的，还是你的工作要紧。”可小欣却说：“爸，您孝敬老人，我孝敬您。”在儿女们的细心照料下，任全来夫妇的身体渐渐康复了。

现在，妻子刘克清的儿子和儿媳主动将奶奶接到了自己家，几个孩子没事就会回家陪陪任全来老两口。正是任全来的言传身教，让四个儿女懂得了什么是孝道。

百善孝为先。任全来的孝行让他赢得了全国最美家庭、首都精神文明建设奖等称号，并登上了中国好人榜。如今，他的儿女们接过接力棒，轮流照顾起三方老人，将这份无私的爱传承下去。

走进任全来的家，北京市石景山区五里坨街道高井社区，一栋 20

世纪七八十年代建的简易楼房，患有膝盖骨质增生和心脏病的已过古稀之年的任全来，步履蹒跚、气喘吁吁，沿着刚刚粉刷过的楼道，一步一步爬上六楼。自 1992 年再婚后，他们一家就住在这里。两居室不大，不足百平方米，居住着两个姓氏，六口之家，不可想象，如果没有任全来的尽心尽力抚养和照顾，这两个家庭组合而成的孩子和老人，该是什么情景？看看社会上多少家庭，为钱财分崩离析？看看多少姐妹兄弟，为分得父母遗产，走上法庭，对簿公堂。

任全来说："人的一生有两件事最重要，一是在单位里干好工作；二是在家里爱护上老下小。""尽孝就要当老人精神上的'主心骨'"，多么质朴的语言！他的学问不多，学历不高，官职不高，没有给他带来什么实惠；收入微薄，大半辈子在温饱线、勉强糊口的日子里煎熬。而就是这样的一个男子汉，对老人、对儿女却时刻奉献一颗爱心，吃，先依着老人、孩子；穿，先依着老人、孩子，这时代，在这物欲横流的风气之下，做到这一点难道不可爱，不值得尊敬吗？

任全来前妻母亲住在河北涞水，身边虽还有儿女，但铁路上不幸被撞罹难的女儿，把老人的心掏走一多半，眼泪流干了，思念没尽头。任全来理解老人心，每年春节期间，都要带着现任妻子刘克清和子女，坐火车或长途车去涞水看望；平时听到涞水那边有婚丧嫁娶等事情，自己再忙也要去，实在难以分身，就派儿女去。1992 年 11 月，前妻母亲 80 岁生日时，每月工资 300 多元的任全来，花 200 元买了个锅盖大小的上面有一个拄拐棍的老寿星的蛋糕，和刘克清坐了 3 小时的小公共汽车，送到涞水祝寿。

对刘克清父母家不用多说，任全来每周都去。经常是左手二斤元宵给岳母，右手两瓶汾酒给岳父。深秋到了，任全来挥锹铲土和煤饼，忙活过冬取暖的燃料。他发现平房小院门头有破损，找来几个朋友推倒重砌干了一天。1998 年，刘克清母亲患糖尿病并发心梗住进了医院重症病房，父亲希望7个子女轮流陪护。刘克清因所在企业效益不好正在家待岗，而自己6个弟弟妹妹，加上弟媳妹夫共八九个人都要上班。任全来对刘克清说："白天你都包了吧，让他们晚上轮流去。你多受点累没关系，咱家的事我全管了。"刘克清在医院擦屎端尿陪护母亲70个白天，直到把母亲送走。弟弟妹妹们抱着刘克清说："大姐照顾妈最多，大姐夫最支持。"从此，这6个弟妹有事就找大姐跟大姐夫商量，就像对待自己的长辈。

俗话说，家家都有一本难念的经。任全来认为，家里的经难念，有一个重要原因，是因为各念各的经，各唱各的调。做父母是唱主角的，不能偏心，要把全家的经往一块儿念。

任全来和刘克清刚结婚时，任全来的女儿上高中，儿子高中刚毕业，干了一份临时工作。两个孩子见家里来了一个新妈妈，立即出现"排斥反应"。婚礼当天，两个孩子都没来，晚上回家时，女儿躲进一间屋子不出来，儿子直接问刘克清："你来了，咱们能过好吗?"刘克清说："咱们心往一处想，劲往一处使，没有过不好的!"

任全来儿子结婚后，租住在父母家附近。他的儿子出生后长到2岁时，刘克清和任全来见小两口白天上班忙，一商量把这个小家伙白天接过来，晚上送回家，在孩子3岁时又接送幼儿园。孩子长到6岁时，又接送上学，比以前更忙：早上送一趟，中午接回吃午饭，下午又送去，傍晚再接回，一天8趟，4个来回。直到孙子上到小学4年级时，儿子在房山区琉璃河地区买了房，搬去新家才算圆满。

"夫妻和睦就不能较真，要互相心疼。"任全来认为，家里不管是敬老，还是育小，最大的发动机就是夫妻俩和谐相处，遇事不较真儿，多难都互相心疼。如果这台发动机坏了，敬老育小都可能瘫痪。任全来和刘克清结婚后，挣来的钱除了存一部分外，零用钱都放在柜子里，谁用谁去拿，互不盘问。那年，刘克清出车祸撞断双腿打了钢板后，在伤筋动骨100天里，66岁的任全来全身心地照顾躺在床上的刘克清，每天洗脸、喂饭，端茶倒水。100天后，又把刘克清扶到轮椅里，教她锻炼腿力，直到她完全站起来。任全来把两个再婚家庭老少几代人捧在手里，放在心上，不分远近，亲如家人，靠的就是这种“分享”和“分担”精神。

二十多年来，任全来用一双勤劳的手，托举起四位老人的希望，用默默坚守兑现着自己的诺言。正是任全来这个收入并不富裕，勤勤俭俭家庭的顶梁柱，他的担当和责任感，影响、教育着儿女，使他们感受到父爱的温暖和亲情，也由此传承了家教文化，孝道的优秀品质，各自在不同的家庭和工作岗位上，书写着自己追求的人生。

四　学会感恩，成为社会学习的榜样

一个国家，一个社会，一个家庭是否文明？不仅是社会进步的标志，还决定着社会生活水准的高低。要做到这一点，首先是要学会感恩。感恩是一种处世哲学，是一种生活态度，是一种优秀品质，是一种道德情操。感恩是生活中的大智慧，也是一种歌唱生活的方式，来自对生活的爱和希望。一个懂得感恩并知恩图报的人，才是天底下最富有的人。

任全来就是一个知恩图报的人。在农村，他感谢太行山山脉的恩赐，给了他一个健康的体魄。在劳动中，他不畏艰苦，没有抱怨偏远山区物质的贫乏、农村的落后、饭食的粗糙和住房的破旧和简陋，而是努力奋斗，自幼参加家庭劳动，做家务，放羊放牛，割草，参加集体劳动，样样农活抢在先，吃苦耐劳受到村民的好评；在家里，兄弟几个，他也是干在前，吃在后，不挑吃，不挑穿，孝敬父母，在农村20多年，赢得亲邻好友的称赞，当有机会时，被推举参军入伍，成为光荣的人民解放军一员；退伍时，又是以他的出色表现，以出类拔萃的青年形象，被选举为村干部、后备人才；当国家招工时，他又成为佼佼者，再次榜上有名。在单位，他也是一步一个脚印，以踏踏实实的工作作风，赢得厂领导和工人的青睐，从艰苦的工种和基层干起，成为劳动模范，一步步走上基层、中层领导岗位。任全来就是这样一个感恩的人，感谢生他养他的父母，感谢家乡的父老亲，感谢部队的锻炼，感谢祖国人民的教育，感谢党的培养！由此，他常怀感恩之心，多做感恩之事，多唱感恩之歌，成为当代的“北京榜样”。

其实，感恩是一份美好感情，是一种健康心态，是一种良知，是一种动力。人有了感恩之情，生命就会得到滋润，并时时闪烁着纯净的光芒。任全来就是这样践行着自己的人生。当厄运来临之际，他虽然中年丧偶，但没有意志消沉，继续努力工作，维系家庭，精心养育。在梅开二度，得到第二份爱情之后，仍然没有忘记赡养第一任妻子的父母。

感恩父母的养育，感恩大自然的恩赐，感恩食之香甜，感恩衣之温暖，感恩花草鱼虫，感恩苦难逆境，任全来正是以自己的价值观，才铸就了自己的成功。

他坚信太阳每天都是新的。湛蓝的天空，新鲜的空气，灿烂的阳光，美好的生活，有什么理由不快乐呢？正是基于这样的生活理念，他才能够承受命运挫折和生活的打击，一步步走向辉煌。

任全来认为，生命是相互依存的。我们生活在这个世界上，处处享受着来自各方面的“恩赐”。在他中年之后组建的家庭里，老老少少，十余口，姓氏不一、个性不同，但他以自己人格的魅力，把他们聚集在一起，不断化解各种矛盾，同在一个屋檐下，遮风避雨，共同生活。

他常常教育子女：心存感恩，知足惜福，人与人、人与自然、人与社会才会变得和谐和亲切，我们自身也会因此变得愉快而又健康。他常说：感谢大地给予了我一切。如果总觉得别人欠你的，从来不想到别人和社会给你的一切，这种人心里只会产生抱怨，不会产生任何感恩。

有位哲学家说过，世界上最大的悲剧或不幸，就是一个人大言不惭地说，没有人给我任何东西。其实，你的生命，你的衣食住行，哪一样不是他人的赐予，哪一样不是大自然的恩赐。他知道只有心存感恩的人，才能收获更多的人生幸福和生活快乐，才能摒弃没有意义的怨天尤人。心存感恩的人，才会朝气蓬勃，豁达睿智。好运常在，远离烦恼。

顺风顺水的人，请想想逆境奋斗的人；无忧无愁的人，请想想拮据艰窘的人。只有充满博爱心、仁慈心、善良心、同情心，才能达到"人人爱我、我爱人人"的美好境界。哲人说："施恩于人共分享。""送人玫瑰，手留余香。"人生在世，要学会分享给予，养成互爱互助的行为。给予越多，人生就越丰富；奉献越多，生命才更有意义。

纵观人的一生，无论成败，都会得到太多人的帮助，如父母的养育、老师的教诲、配偶的关爱、朋友的帮助、大自然的恩赐、时代的赋予。我们成长的每一步，都有人指点；我们生活的每一天，都有人帮助。因为这样，我们才渡过了一个个难关，一步步走向成功，创造并享受着美好的生活。尤其对于父母的养育之恩，我们应该用一生来报答。

任全来的可贵之处，就在于对父母他有一颗孝心，对已逝妻子的父母，仍然不忘诺言，继续施以爱心，尽孝赡养，这就是一种高尚的境界。

他常告诫孩子们：晚辈应该在父母的身边，站成一棵树，开满一树感恩的花，花叶不败，感恩无终。心存感恩，就是把自己的生命与另外一个值得报答的人或事物联系在一起了，漫长的人生路上，才不会孤独！在自己的心中树立一座感恩墙吧，永远感激苍天和这个世界！

五　发挥余热，热心公益事业

采访中，当笔者得知：已然退休多年，现已 75 岁的任全来，在照顾多位老人，操心儿女的同时，还担任着社区第三支部书记的工作，不但风里来，雨里走，还工作得风生水起，第三支部连续多年获得了“优秀支部”的称号，令人深感敬佩。

就在采访后不久的2018年12月25日，笔者收到了来自石景山区五里坨街道高井社区的电子文件，评价任全来的工作，现摘抄一些：

自开展创建文明城市以来，任全来同志作为石景山区五里坨街道高井社区的一名党员，他勤勤恳恳，不辞辛苦，顾全大局，不计个人得失，认真贯彻创城精神，从每一个细节做起。

为宣传创城工作，任全来同志不分白天与夜晚陪同社区工作人员每家每户地走访、宣传动员。为美化小区内的环境，他经常比他人更早地出现在小区的道路上，在草坪里捡拾白色垃圾，清理杂物，清理小区内的小广告。他还参加了社区义务巡逻队，宣传交通法规、文明法则，维护交通秩序，劝导行人不要横穿马路，不要随地吐痰、乱扔垃圾，并动员家人一起为创城作贡献。

这就是一名退休的普通老党员，用自己无私奉献的精神为社区居民贡献一分自己的力量，用他的话说就是“自己能干一点就干一点”。他没有什么豪言壮语，也没有一句怨言，就这样一直任劳任怨地工作着，为创城默默地作贡献。

以上这些事迹，足以证明任全来是一位现代北京市民出类拔萃的人物，名副其实的“北京榜样”。他是首都市民的优秀代表，是北京社会风气和道德风尚的标杆。作为一名最普通的市民，笔者希望大家向“北京榜样”看齐，人人争做榜样！

白泰华是“北京榜样”的铁杆粉丝，已连续5年研读学习榜样事迹。过去5年里，共有50人被评选为“北京榜样”年榜人物，已成为北京的一抹亮丽色彩。如今，全市正在开展学习“北京榜样”优秀群体先进事迹活动，普通老百姓如何学榜样、成为榜样，白泰华很有见解。

白泰华说，“北京榜样”大家并不陌生，他们来源于群众，来自社会各界、各行各业，他们中的绝大多数都是大家身边的普通人。而且他们有一个共同点：都有自己的价值追求，具有良好的道德素质，或是兢兢业业、爱岗敬业，或是热心公益、关爱他人，或者拼搏进取……

学习“北京榜样”，首先是要学习他们爱国家、爱北京的情怀。北京是首善之区，每一位市民都有责任、有义务让这座城市变得更美好。“我也许没有建设这座城市的规划能力，也没有‘小巷管家’那么事无巨细的办事能力，但我愿意为城市治理建言献策。我可以向身边的榜样那样，参加大扫除活动，与小区居民一起清理垃圾和小广告，随手扶起歪倒的共享单车。”

在日前举办的学习“北京榜样”座谈会上，市委领导说，每个人的举手之劳，就可以让北京、让自己的家更美好一些。学习“北京榜样”，就是要像任全来孝老爱亲那样，传承中华优秀传统美德，建设一个文明和谐的家庭。“学榜样，我行动”，就是要在家庭生活、社会生活中，一点一滴地传递“爱”，人人争取成为左邻右舍的榜样。

学习“北京榜样”，就是要像榜样那样，诚信做人做事。言忠信，行笃敬，这是古老的信条。诚信做人做事，做买卖的做到童叟无欺，做食品的不添加不该加的东西，做饭馆的正规经营，大家诚信友善相处，社会就和谐了。

另外，还要像“北京榜样”那样，懂礼貌、知礼仪、守秩序。榜样的力量能够带动市民参与首都建设的巨大热情，北京作为冬奥会的举办地，不断在开展“助力冬奥，文明观赛，微笑服务”等活动。“我们要友善待人，知礼仪，用实际言行营造热烈祥和、文明有序的社会氛围，展示大国首都形象。”

榜样，就应该发挥榜样的作用。石景山区举办“‘北京榜样’‘全国孝老爱亲模范’任全来”宣传活动，热烈表彰任全来再次获得“全国道德模范”的光荣称号，并在人民大会堂与全国其他道德模范一起，受到了国家主席习近平的亲切接见。消息传来，石景山区上下点赞一片，在为任全来获得荣誉由衷高兴的同时，也为石景山区精神文明建设结出了累累硕果感到欣慰。

石景山区委领导以及区文明办负责人迎接了载誉归来的任全来一行。

区委领导在会见时首先代表区委区政府及全区广大干部群众向任全来表示了祝贺。他说，很早就已经了解到了任全来同志的光辉事迹，对任全来 20 多年来孝老爱亲的行为表示由衷的敬意。他还表示，全国道德模范的荣誉不仅是对任全来多年辛苦付出的肯定，也是对一个优秀的共产党人树立社会风气、传播人间大爱行为的褒奖。

任全来多年如一的坚持，弘扬了中华优秀传统文化，展现出了共产党人的崇高精神，不仅温暖了自己的小家，也感动了社会这个大家庭。他说，十八大以来，习近平总书记提出的传播社会正能量，其中就包含了传承红色基因以及继承中华民族的传统美德，任全来同志用实际行动践行着这一思想，给全区、全市乃至全国人民树立了榜样。

石景山区会进一步大力宣传任全来同志的事迹，让更多的人了解、学习、传播任全来敬老爱老的事迹，提炼他孝老爱亲行为的精髓，仿效他多年坚持始终如一的行动，把这种人间大爱一直延续下去。他还对任全来一家表示了衷心的祝愿，希望他们全家健康幸福。任全来对区委领导的祝贺和肯定表示了由衷的感谢。

任全来一再谦逊地说，自己只是做了一个为人子、为人夫、为人父应该做的事，自己会将这种行为传承下去，为下一代做好榜样。

冬日余晖，由窗口照进，如金似银般洒落在任全来这位既普通又伟大，既平凡又高尚的“北京榜样”普普通通的家里。看到他和爱人刘克清俭朴的生活，两居室内没有一件像样的家具和装饰，笔者很是感动。为了社会和他人，他们夫妻付出了大半生的心血。为了孝敬老人，他们使出浑身解数，无私地尽孝道；为了子女，他们囊空如洗，穿最破的，吃最差的，住得如此寒酸。而今，岁月留给他们的只有满头的白发和一脸的皱纹，沟沟壑壑，还有……还有的就是他们简单得不能再简单的居住条件。还有的就是屈指能数简单的家具、床铺、被褥，不敢说破破烂烂，但敢说，有钱人家扔的也比他们用的还要好！对了，还有……还有一摞、十几个光灿灿的证书、奖状、奖杯，还有……还有……

还有什么？笔者没有看到，不敢妄猜！

夜幕即将降临，笔者结束采访后，艰难地走下六楼。身后，他们夫妻前来送行，看到笔者艰难下楼的背影，已过古稀之年的任全来夫妇祈祷：什么时候给安上电梯就好了，您再来我家做客，就不用这样艰难地上下楼了。

安上电梯，这是他们夫妻最大的心愿！我这个六十多岁的人上下六楼都这样艰难，更何况这对七十多岁的古稀老人呢？笔者同样不敢妄猜！

但愿……但愿……中华孝道传家久！

潮白河义女报恩记

——记用一生回报养育恩的“80后”女孩　周红

刘俊杰

人物简介：

周红，女，1987年9月生，北京江森汽车部件有限公司员工。12岁时，她的养父意外严重伤残，两年后养母也患病去世，她一边上学，一边坚强地承担起照顾养父和奶奶的责任。长期用冷水洗衣物让她得了关节炎，亲生父母的出现也曾让周红感到过困扰，但她依然选择了留下，要用一生来回报养育之恩。

一　寒风中的采访与家庭的温暖

尽管笔者一大早冒着寒风，驱车一百多千米，风风火火由北京西南方向的大兴区，斜穿大兴区、朝阳区、通州区赶往潮白河畔的顺义区李桥镇南桃园大街，去采访“北京榜样”周红，路上十分担心堵车，但是当我们匆匆赶到采访地点时，还是晚了一步，同行电视台的同事已经开始了采访。笔者在乡亲们的指点下，走进了周家，在经过胡同门道阴影时，下车匆忙，没有来得及系上棉衣扣子，一股寒风吹来，笔者还是感到了一丝寒意。

桃园村不大，但主街是东西街，周家在街南，坐北朝南，虽是冬季，光线充足，但毕竟在寒冬季节，不免有着几分寂寥，但还是整洁、干净。电话打通后，周家人迎了出来。北屋正房被抢先赶来的电视台占领，正在采访周红。笔者被让进西厢房，掀开门帘走进去，笔者就被映入眼帘的画面震惊了。两间不高但通用的屋中央南侧，一位没有腿，半截身子的男人坐在轮椅上招呼：你来了，天气很冷吧？

笔者愕然，万万没有想到还没有见到主人公周红，却看到了这令人难以忘却的一幕。经介绍，轮椅上的男子是周红的养父周凤才，今年57岁。他头戴红色帽子，上身穿着浅蓝色棉衣，脸色酱紫，显然是因为双腿残疾，不便如厕，为控制大小便少喝水，体内缺水导致的。看到笔者，他滔滔不绝地讲起了自己致残苦难的经历，讲起周红的身世，讲起周红的孝敬，讲起亲友的帮助，讲起政府的关怀……

饱经人生磨难的周凤才，提起义女周红，满怀感激：没有她，我早就活不到今天了。提起18年前的那场噩梦，周凤才至今心有余悸：那天早晨7点，我去村北的河北电管站，不慎被一辆载重的十轮大卡车碾到了车轮下，眨眼间成了一个血葫芦。昏迷中被送到了医院，监护室一住就是18天，欠债三十多万元。现已18年了，如果没有闺女服侍、孝敬，我做梦也活不到今天。周凤才说起昔日人生的苦难经历，依然滔滔不绝。

闺女对我一百一得好，没得说！我们家那段时间太苦了，我是大难不死，被截取了双腿和胳膊，成为一个活死人，没有了生活自理能力。不到三年，我老伴又遭了殃，突然被查出得了败血症、糖尿病，仅21天，为治病就花了十几万元啊，可还是没有救活！那时，家里穷得叮当响，给人家打短工，掰玉米，一天累到晚，才挣25元钱。养猪、养羊，一年到头，也赚不了几个钱，可是一住院，几万元、十几万元，就没了。

多亏乡亲们资助，我们省吃俭用，才熬过来。乡亲们这个给把菜，那个给袋粮。逢年过节，有的送肉，有的送年货。还是这个社会好，我出车祸后，社会上许许多多的好心人，认识的、不认识的，街坊邻居、亲朋好友，都来帮我，捐钱捐物不时接济我们。特别是顺义医院为我做手术的大夫，经常来看我，次次都不空手，多的时候，三千五千，少的时候，一千两千，都是我的恩人啊！还有一对夫妻，过年时前来看望我，我都不认识，问他们名字不说，放下年货，说完几句问候过年的吉祥话，转身就走，至今也不知道他们的名字。还有单位、民政部门，也不时前来探望，送来米面、油、猪肉、牛肉和礼品。

我尽量不给大家找麻烦，增加负担。一年到头节衣缩食，舍不得吃，舍不得花，电灯都不敢点，勒紧裤带。红红念书时，学校学杂费全免。到了大学，她努力学习，拿到了奖学金，还挤出业余时间，去打短工。不瞒您说，那些年，那些日子，办事一拿十块钱，吓得就哆嗦。红红这孩子，跟着我遭大罪了。老人说着，眼圈发红，声音哽咽。

周红这孩子懂事，有孝心。虽说不是我们生的，可她对我们夫妻，比亲生还亲，对她的奶奶，那更是没得挑！好人好心有好报，红红上初中、高中、大学，一路顺风，不仅没有让我操心，反而还孝敬我！伺候我！人说闺女是妈妈的小棉袄，对于我来说，岂止是小棉袄，而是大棉袄，要不，就我这模样、没腿没胳膊，还能又活18年？没有好闺女红红，我早就到地底下去听蛐蛐儿叫了。

2011年，国家补助了4.5万元，我们家才翻盖了旧房，没有政府的支持，我做梦也想不到会有这样的好事啊！我一个残疾人，还能住上这么宽敞、高大的房子。我知足了，我觉得幸福。

现在，苦日子终于熬过来了，周红大学毕业，在家里附近找到工作，成为工程师，三年后与四川小伙儿，她的大学同学喜结连理。结婚不久，有了孩子。现在，我还有了小孙子。他们夫妻在外上班，为照顾我，还花钱给我雇了保姆。正在笔者和周凤才拉家常说话的时候，棉门帘一挑，走进一位身材不高、眉清目秀、戴着眼镜、上着浅绿色外衣、黑色棉套裙、高腰皮靴、端庄稳重的女士。

这就是周红，有人介绍。她落落大方地走到笔者面前，为杯子里加热水，然后说：抱歉，电视台刚刚采访完，让您久等了。

周红不苟言笑，面对笔者的采访，显得有些腼腆。即使面对笔者的不断提问，她也回答得很少。但笔者还是断断续续，从她平静的叙述中，了解了一些她的动人故事和这个家庭的情况……

二　厄运中义女的抉择

她像一棵羸弱的小草，刚一降生，就遭受了自然界人情世故的摧残。她生于1987年9月的京郊大地。在降生的第二天，小小的婴儿就被抱离父母，来到一户陌生的人家。

养父母是顺义区李桥镇南桃园村的一户普普通通的农民，在周红出生两天时，就把她抱回家抚养。养父母十分善良，虽不是亲生，却视为己出，把小猫似的孩子，视为心肝宝贝般抚养，并为她取名为周红。除了干农活外，养父母还在附近的工地上打工。养父给工地看材料，养母则在其他工地当小工，和水泥，搬砖头。辛劳自有回报，每年夫妻俩都能挣个1万元左右回来，再加上地里的收入，一家人的日子还算不错。小周红在养父母的精心哺育下，不仅有一双水灵灵的大眼睛，聪明伶俐，还十分活泼可爱，是养父母的掌上明珠。

原本周红的生活也算平静，虽说是一个普通的农村家庭，但北京郊区的生活，还是比较富裕。虽然她是被养父母收养的孩子，但她和其他孩子一样，也享受着时代阳光的灿烂，在父母的百般呵护下，享受着快乐的童年。

然而，天有不测风云，谁也没有想到，一次意外降临的横祸，打破了这个幸福家庭的平静，改变了他们一家人的生活。

2001 年 10 月 1 日，这一天既是国庆节又是中秋节。可就在这个全家欢天喜地团聚的日子里，却是他们家的灰色日子，周红的养父外出，在村北遭遇了车祸，被大卡车碾到了车轮下，血肉模糊地被抬进医院，多日抢救后，虽然命保住了，却导致双腿截肢、左臂残疾。一家人的顶梁柱倒了，欠下一屁股债不说，还失去了劳动和自我生存的能力。

为了照顾丈夫，周红的母亲辞掉了工作，家里没有了生活来源，仅靠每月 200 元的低保费维持。祸不单行，父亲遭遇意外两年后，母亲气急多虑，被诊断出“急性淋巴白血病”，仅仅一个月就因医治无效撒手人寰。

面对巨大的变故和生活的打击，小小年纪的周红，一时难以承受这一连串的沉重打击，她在懵懵懂懂的意识中有些不知所措。

怎么办？她还年幼，懵懂不谙世事。

怎么办？生活的出路在哪里？怎么办？

用什么养活残疾的养父和自己？怎么办？

自己还在上学，压力这么大，还要不要考大学？

一时间，她也曾沮丧消沉，也埋怨过命运的不公，但她没有被眼前的坎坷绊倒，而是勇敢地承担起了生活的重担。在父亲的指导下，她学着像大人一样做饭、洗衣、缝被子……摸索着适应新的生活。

此时，父亲成了周红最大的精神支柱。“想到他含辛茹苦把我拉扯大，现在我几乎成了他的全部，我必须坚强，必须要学会承担。”周红说。

一个十几岁的女孩子，用柔弱的肩膀撑起了这个家。每到周末，同学们都可以放假休息，而周红却变得更加忙碌，家中的点点滴滴都靠她打理。压力太大时，她偷偷在角落里哭过，但不敢让父亲看到，毕竟，那只会让父亲更加心疼和自责。

这个时候，周红的亲生父母得知消息后出现在她的面前，他们想把周红接回家。当年，亲生父母因为想要男孩，把刚刚出生两天的周红送到养父母家中。面对残疾的养父和拮据的生活，年少的周红，没有泯灭做人的良知，她毅然决然地拒绝了父母的劝解，选择留下养父身边："良知不仅仅要埋在心里，更重要的是落在行动上。"

由此，周红与养父相依为命，节俭生活，苦中坚持也有乐。他们在自家院里种菜，能不买的就不买，能省就省，降低开支。车祸后，周红的截肢父亲只能靠轮椅出行。上坡、下坡都需要年幼的周红在后面推，或在前面拽。因为周红年龄小，力气弱，轮椅脱手失控的情况时有发生。

在小周红看来：高位截肢之后，轮椅就是父亲的双腿，但这双腿却不能到处走。周红回忆说："那时，父亲头发长了，不能去理发店，我就顺理成章地成了他的'御用理发师'。起初是拿剪刀剪，每次都把手磨出泡，也没想过要买把发剪和推子，也许是为了节约吧，觉得不花钱也能理发。后来在亲戚的帮助下，我从理发店拿回一个别人淘汰下来的推子，让村里人帮忙简单修理了一下，就用来帮父亲理发了。"这把推子帮了周红大忙，简直成了家中的宝贝。每次理发之后，父亲都会当一段时间的"和尚"，他总是说："无妨，无妨！光头还凉快些！"

除了理发，更让父女俩困扰的，是洗澡问题。夏天虽然天气炎热，但洗澡还算方便。周红每天都帮父亲洗澡，父亲感慨着"还是闺女好，洗完澡就是舒服，睡觉都睡得香！"可到了冬天，洗澡就成了"老大难"，家里没有条件，周红只能推着轮椅带父亲到邻村的澡堂洗澡。

“父亲总是拒绝，我知道他觉得我很辛苦。有一次，我们到了澡堂以后，却被澡堂拒之门外。他们说父亲是残疾人，发生意外他们负不起责任，我再三请求，老板依然不同意。我只好第二天带父亲去一家更远的澡堂。步行过去要一个多小时，父亲说怕冷不肯去，我就给他戴上帽子、系好围巾，穿上羽绒服，一路上引来很多人侧目，不过我觉得这些都没什么。”周红说道。在好心人的劝说下，这家澡堂的老板娘同意让他们进澡堂洗澡，但是要以单间每小时 20 元的价格收费。周红的父亲节俭惯了，觉得这个价格实在难以接受，想就此放弃，可周红执意将他背进了澡堂。

贫困带来家庭的很多改变。日子很苦，但周红觉得苦中有乐。市场上的蔬菜太贵，他们就在自家院子里种上一些常吃的蔬菜。父亲下不了地，这些农活只能由周红来干。翻地、种菜、收菜，她忙得不亦乐乎。“我每次和同学、同事提起自家的蔬菜，大家总会说：‘哇，你好棒！连蔬菜都会种！’听到赞扬，我心里总是美滋滋的。”周红得意地说。

周红家中还有年过八旬的奶奶，奶奶生活已无法自理，长年卧床。出车祸前，周红的父亲一直帮奶奶梳头、洗脸、做饭、喂药、擦身体、倒屎倒尿。周红从小耳濡目染，被父亲的这份孝顺与爱深深感动。家里遭遇变故后，周红代替父亲照顾奶奶：陪奶奶聊天，给奶奶做可口的饭菜，帮奶奶清洗衣服和被褥，给奶奶洗脚、剪指甲，给奶奶按摩，帮奶奶翻身。

周红孝敬老人的事迹，传遍十里八乡，乡亲们都纷纷竖指称赞：这孩子没白养，比亲生的还孝顺！听到这些称赞，小周红没有骄傲，只是抿嘴一笑，埋头继续干家务，做饭洗衣服，抓药煎药，忙个不停。周红人小心不小，不仅帮养母做家务，还承担了地里的农活。一次，养父想吃烙饼，周红挽起袖子干了起来。点上柴火后，她发现自己身高够不着锅台，便搬个小板凳踩上去，小小的背影感动得养父直抹泪。

穷人的孩子早当家。小周红就是在这样的环境中，在一连串猝然而至的厄运的打击下，依旧挺直了脊梁，稚嫩的肩膀担起了照顾残疾养父的重任。

三 孝行天下与义女的人生追求

周红一边读书，一边扛起了这个家的重担。她对养父说："爸，你把我当成男孩子吧。"她学着大人的样子，做饭、洗衣服、缝被子、干农活……

周红的亲生父母也在顺义，听说她受苦受累，托人商量，想接她回家。周红摇头说："我爸爸和妈妈辛苦把我拉扯大，现在我是爸爸和奶奶的全部希望，我不能走。"周红有个亲姐姐，曾给她打电话说要去帮她。周红说："我自己能行！"周红人小却很懂事，不想与亲生父母家多联系，怕养父心里起波澜。她相信：父女相依，在苦难中只要乐观前行，就一定会迎来美好的明天。

周红的养父有两个妹妹，她称作姑姑。看到哥哥家境艰难，经常过来帮忙。养父上医院换药、看病都是姑姑们轮流蹬三轮车带着去。有一年深秋，外面刮着大风，养父按照医院的预约时间去换药。可姑姑临时有事来不了。周红便对养父说："我会骑自行车，蹬三轮也没啥难的。"车座高，十几岁的周红身高够不着脚踏板不说，蹬三轮的劲儿跟骑自行车不一样，车把总往一边歪，蹬了半天老跑偏。养父不想去了，周红说："我不骑了，推您去。"这趟换药的行程是一个孩子冒着大风，推着养父来回 10 多千米完成的。养父的心里热乎乎的，感动得热泪盈眶。

家里遭遇变故后，周红代替养父照顾奶奶：她一有时间就陪奶奶聊天，还力所能及地给老人做可口的饭菜，帮她洗衣服、晒被褥，给她洗脚、剪指甲、翻身。奶奶瘫在床上需要买护理垫接排泄物，她就把一张护理垫，剪成4片，每次用一片；有时垫子上再放张报纸，用完后把报纸扔了，垫子还能再用。奶奶得过疱疹，腰上常痒痒，周红就把小手伸进奶奶衣服里挠挠，再按摩一会儿，逗得奶奶咯咯笑。直到老人耄耋之年，她几乎天天服侍、尽孝，使老人度过了一个幸福的晚年。

光阴荏苒，村边的小树在岁月的风霜雨雪中成长，饱受生活磨难的小周红也逐渐长大，出落为亭亭玉立的大姑娘。更令乡亲们刮目相看的是，小周红非但没有被生活的重担压垮，反而在学校出类拔萃，成绩优秀。

2007年，周红考上重庆一所大学。在填报志愿时，特意写上了自动化专业。她想用自己的所学给养父做一台自动化轮椅，不让他再这么难受。周红上大学期间，家里主要靠姑姑照顾，奶奶也由养父兄弟们轮流照顾。为了减轻大家的负担，每逢寒暑假，周红就把奶奶接回自己家，好让亲戚们少受累，自己多尽孝。

可读了自动化专业，周红才知道，这个专业主要是设计电脑软件程序，根本不能帮养父设计自动化轮椅，应该学的是机械自动化专业。但她不泄气，回家后经常琢磨怎么让养父生活更方便。养父双腿截肢，从轮椅上下床都要有人帮助。周红决定设计能让养父自己操作的工具。她先设计了一个挂钩，连接轮椅和床头栏杆，把轮椅固定在床前。然后又设计了一块板子，一半在床上，一半在轮椅上，就像搭了一座桥，桥的材料用不锈钢的比较结实。周红找人加工了一块不锈钢，放在轮椅和床之间。做试验的时候发现，光滑的不锈钢不好使，养父挪动时总是滑落。她又把不锈钢板换成木板，朝上一面光滑，让养父挪动方便；朝下一面粗糙，在轮椅和床面上增大摩擦系数。试验成功了，从此，养父终于可以自己上下床了。

大学四年期间，周红申请了国家困难补助和助学金贷款，不要家里的零用钱。她利用课余时间勤工俭学，卖过电器、报纸，做过家教……

2011年，周红毕业回北京找工作，参加了很多场招聘会，先后被几家专业对口、工资较高的单位录取。可这些单位都不在顺义，离家太远，很难照顾到养父和奶奶。周红决定放弃高薪的机会，回到了顺义，换到了一家离家更近的单位。因为这里有她残疾多年的养父，还有生活早已不能自理的奶奶。

2014年，周红组建了自己的小家庭，现在的她已经是一位妈妈了。周红十分期待的小宝宝已平安降临，她回忆说："第一次在B超影像上看到肚子里的宝宝时，当时就快要落泪了。家里的人气儿越来越旺，一定会更加温馨。"之后，周红肩上的责任更重了。而她却笑着说，这是一种幸福。虽然生活艰难，但笑容还是常挂在周红的脸上。

周红结婚以后，把爱人也带进了孝敬养父和奶奶的行列。87岁的奶奶去世前，拉着周红和孙女婿的手久久不放。感恩上天有眼，赐给老人这样一位懂得感恩的好孙女，在养父母一家遭遇不测时，不畏艰难，毅然选择留下，用一生来报答养育之恩。

周红参加工作前，家里没有冰箱和洗衣机，小小年纪给家人洗衣服都是手洗，冬天冻得裂口子。后来，在区、镇民政部门和村委会以及亲戚、邻居的帮助下，置办了洗衣机、冰箱等家用电器，还翻建了危房。

周红现就职于北京江森汽车部件有限公司，成了一名工程师。工作之余，她坚强地承担起了照顾父亲和奶奶的责任。亲生父母的出现，曾让周红感到过困扰，但她依然选择了留下，要用一生来回报养育之恩，笑对困境与艰辛。

四　媒体的关注与关注媒体

我们这个时代，人心向善。"讲好中国故事，唱响主旋律"历来是各级政府宣传工作的重点。什么是主旋律？就是挖掘社会的真善美，鞭挞假丑恶。顺义文明办得知周红的事迹后，在把她推举为“北京榜样”之际，又根据她感人的故事，拍摄了一部微电影《最后的舞曲》，以此来宣传潮白河畔乡村道德模范。

为了进一步弘扬孝老敬老的传统美德，宣传社会主义核心价值观，北京市顺义区政府还为此举办了教育现场交流会。会上，北京市顺义区委常委、宣传部领导介绍：近年来，北京顺义区积极适应移动互联网的特点，实现线上线下的联动宣传。组织拍摄的微电影《最后的舞曲》，讲述了北京榜样、首都道德模范周红照顾双腿截肢养父的故事，仅仅一个月，网上点击量就创新高。

为了让孝道文化家喻户晓，各级政府相关部门还通过区域环境布置等方式开展核心价值观线下宣传。顺义区政府统筹各类社会资源，建立公益广告宣传机制，协同推进城乡环境布置，完成了 9.2 万平方米核心价值观主题公园、广场和街路建设。其中，“图说我们的价值观”系列作品和“三个倡导”24 字，使核心价值观宣传成为顺义区域发展的新标识，既点亮了城乡景观，也实现了核心价值观教育的“润物细无声”，让群众在日常生活中潜移默化地受到核心价值观的熏陶。

在典型引领方面，北京市顺义区还将周红的事迹上传到新建立的“好人库”内进行宣传。在将各类典型人物的基本情况、主要事迹归档入库保留的同时，借助北京市“北京榜样”品牌项目，每周推荐身边好人，每月举荐“北京榜样”，年度评选道德模范，以此带动社会风气的转变。

为此，区委还组建了顺义区“百姓宣讲团”，始终坚持百姓唱主角，把先进典型的事迹进行故事化表达，使核心价值观走进人们的心灵。2015 年，围绕“最美北京人”的主题，顺义区各级组建相关主题宣讲团，进社区、进农村、进企业、进机关、进学校开展百姓宣讲活动。

顺义区建造了 559 块“‘北京榜样’举荐榜”，摆放在城乡大小公园和广场，让典型人物的事迹看得见、摸得着。积极弘扬志愿服务精神，目前全区共有11.6万名志愿者长期活跃在大型活动、扶贫济困、抢险救灾当中，引导人们践行核心价值观。本文的主人公周红，就是这浩浩荡荡公益事业队伍中的一员。

树立时代榜样，引领时代核心价值观的发展，是建设社会主义新文化，树立核心价值观的重要任务。为了发挥周红这个敬老爱老人物的作用，艺术团体还把她的事迹，进行艺术创作，搬上舞台，以此说书唱戏，劝化民风。故事创作大纲为：一个偶然的机会，田程祥、夏茹红夫妇收养了一个女婴，取名田梦舒。十八年后，田梦舒长大成人，家庭却遇到重大变故，先是养父田程祥因车祸失去双腿，紧接着养母夏茹红因白血病离开了人间，家庭的重担一下子压在了一个刚刚成年的孩子身上。田梦舒一边悉心照顾养父，一边坚持上学，生活压力很大。养父不忍心拖累孩子，让邻居设法找到了田梦舒生活在国外的亲妈韩艳秋，田程祥执意要让韩艳秋把田梦舒领走。面对养父的养育之恩和亲妈的血肉亲情，田梦舒坚定地选择了担当，从而演绎出了一段催人泪下的人间真情故事……

评剧《潮白人家》以“北京榜样”周红的事迹为蓝本创作，弘扬主旋律，传播正能量，体现时代精神。该剧于2017年8月在顺义区影剧院首演。2017年11月，参加了由北京市文化局主办的2017年北京金秋优秀剧目展演和由顺义区委宣传部主办的顺义区第二届戏剧节。

评剧《潮白人家》以高水准、高品质的舞台呈现，得到了业界的肯定、观众的认可。梅花奖、文华表演奖获得者宋丽的加盟，使本剧有更多看点，掀起了更多高潮。

观众评价，“宋丽的表演实在是太好了，观剧过程中数度催泪，生母和养母唱得都特别好。”“本戏评剧唱腔派别的区分度非常高，很久没有听到这么专业、这么有清晰流派风格的戏了。”

榜样的事迹，借助艺术手段的传播，加上现代网络技术的普及，使义女周红的事迹，很快传遍潮白河畔，享誉京华。

2015年1月5日，由北京市委宣传部、首都文明办主办的“2015北京榜样”颁奖典礼在北京电视台播出。整个颁奖礼以助人为乐、见义勇为、诚实守信、敬业奉献、勤劳节俭等类型贯穿整个节目，振奋人心，催人泪下。2015十大“北京榜样”中有见义勇为、帮助残疾人、照顾养父母的普通人，有带动农民致富的专业合作社女社长，也有病毒疫苗研发生产专家。观看过程中，大家都被榜样人物的事迹深深吸引。他们身上承载着社会对好人的期待，他们用行动诠释了好人的内涵——助人为乐、见义勇为、诚实守信、敬业奉献、孝老爱亲，等等。

看完现场视频转播，在场的干部职工进行了交流、讨论，大家纷纷表示，榜样事迹感人肺腑，是弘扬和践行社会主义核心价值观的生动体现。今后将以榜样为镜，立足本职。从身边做起，从点滴做起，让崇德向善蔚然成风。

与会者热议，每天在我们周围都会活跃着这样一些人，乐于助人、敬业奉献、敬老爱亲、勇敢正义、无私付出的人，他们虽然没有明星大腕那么华丽出众，但是依然会受到我们很多人的关注，我们关注的是发生在他们身上的一个又一个的感人事迹，我们学习的是他们身上具备的可贵品质，我们赞扬的是他们无私付出、乐于奉献的精神。“北京榜样”大型主题活动评选出一批榜样人物，他们的光荣事迹，不仅为我们北京居民带来了精神上的震撼，还给我们传播了很多的正能量。

正因为有了他们这些生活在百姓中间，有着鲜活生活气息的榜样人物的存在，我们的首都北京才会变得更加文明和谐。在他们身上，我们看到了更多的榜样精神，我们学习到了更多的可贵品质，他们谱写着城市的风尚，他们是我们在新时代里奋进的力量。

还有的市民感慨地说：“当我每次从社区的宣传栏旁经过的时候，我都会驻足停留几分钟，看到宣传栏上那一个又一个可亲可敬的榜样人物，还有他们的感人事迹后，我就会有很多的感想，想到在我们北京这个一线城市中，各处都有这些榜样人物在传播正能量，北京的环境与气氛自然会变得越来越文明。”

一位古稀老人坦承：“看到各个社区的宣传栏上都是这些榜样人物的可爱面孔以及光荣事迹，我们能够切实感受到更多的和谐气氛，是他们这些榜样人物在创造和谐氛围，是他们这些榜样人物在传递正能量，不管什么时候，我们都不会忘记向这些榜样学习。”

首都是我们大家的首都，北京是我们热爱的城市，我们应该尽心尽力把我们的城市建设得更加美好。

我们要像榜样人物周红那样，做一个知恩报恩、敬老爱亲的人。人生的辉煌要靠我们自己来创造，我们要在社会中体现自己的价值，做有意义的事情，传递美德，传递爱心，传递正能量，让我们首都成为更加美丽和谐的文明大都市，让我们在城市的各个地方留下我们的美德，树立社会主义核心价值观，践行榜样精神。

“北京榜样”就是我们奋发向上的力量，我们要向榜样他们学习，我们要用自身的美德为我们生活的城市北京制造更多和谐文明气氛，与榜样们共同谱写北京国际大城市的发展和新风尚。

社会上曾经流传着一句俗话：同行是冤家。其实也不尽然。在笔者采访“北京榜样”周红的时候，恰巧遇到电视台的同行也去采访。当我们聊到“北京榜样”的评选时，都有一个共同的心声：首都精神文明办这项工作开展以来，犹如一座灯塔，为市场经济运行的社会，为如何做人指明了方向。

当电视台的同行要笔者表达一下站在周红家的院子里，面对冬日灿烂的阳光，采撷北京榜样生活片段的感想时，笔者坦言：人的一生，如同一年之中的四季，有春暖花开的春天，有夏日炎炎的酷暑，有金色年华的金秋时节，还有寒风刺骨的冬日，可不管什么季节，遭受什么样子的风霜雨雪，只要你的心中有阳光，即便是在寒冬，也会感到温暖，也会感到美好和灿烂。

冬日的日晷，不知何时，已然抹过时光的度化，悄悄地指向正南方，笔者满怀采访的收获，走出周红家的大门，回望这座北方农村普通的宅院，虽然不时有阵阵寒意袭来，但温暖在心中的那一缕缕义女亲情，却在热血沸腾的心中泛起阵阵涟漪……

愿“北京榜样”周红与义父周凤才一家平安、幸福，迎来寒冬过后美好的春天！

岁月的记忆

——记卢沟桥义务讲解员　郑福来

刘俊杰

人物简介：

郑福来，男，1931年10月生，丰台区宛平城地区宛平社区居民。作为卢沟桥事变的亲历者，郑福来从新中国成立后，就一直是卢沟桥抗战史的义务讲解员，有时一天要带参观者走三四趟。他还多次去军营、学校、政府机构和企事业单位进行免费演讲，到抗日战争雕塑园培训讲解员，耄耋之年仍在坚持。

一　刻骨铭心的岁月

金秋十月，卢沟桥头美丽如画。11点30分，我停车在卢沟桥桥西村路边的大杨树下，拨通了郑老的电话。按照丰台区文明办的嘱托，老人耳背，听力不好。我大声报告了方位，眨眼之间，在还没有找到最佳停车地点之际，一位身材不高，戴着灰色鸭舌帽，身着深灰色衣服，精神矍铄的老人，手举手机，快步走来。虽然与郑老是初次见面，但冥冥之中，我与郑老似曾相识。我赶忙下车迎上前，握住老人瘦骨嶙峋的双手。

踏着落叶缤纷的槐树叶、杨树叶，我们走进了桥西村，步下原京保路十几级高高的台阶，来到了郑福来老人的家。郑家西临南北街，位于大街西侧，坐北朝南，向东开门，最为独特的是紧临原交通要道京保公路不足十米，东西方向与卢沟桥几乎平行，东西距离不足百米，与战略要地卢沟桥近在咫尺的距离，显现出出生于斯、长于斯的郑福来老人作为历史发展见证人的地缘关系。

在郑老家简易的会客室里，老人打开了话匣子。他的话语，如同昔日身边的滔滔南下的永定河，风霜雨雪，沧桑岁月，肺腑之言，展现了北京母亲河怎么样的情感？展现了具有830年历史的卢沟桥怎么样的峥嵘岁月？怎么样的苦辣酸甜咸，人生冷暖，百味人生？

老人的脸色严肃，可谓沟壑纵横，那一道道皱纹，蕴含着什么样的经历？饱含着什么样的情感？又怎么能够用一个采访了然，能够包容？笔者心情忐忑，心里不断地打着小鼓。在一连串问号浮现脑海之际，郑老打开了心扉：早在70年前，他刚刚十七八岁时，就已是卢沟桥乡民政干部。1948年，随着人民解放战争轰隆隆的炮声，年仅17岁的郑福来，血气方刚，就认定共产党是在为人民打天下、谋幸福，认定人民解放军是正义之师，暗中悄悄参加了革命工作。到1949年，北京解放，卢沟桥的天变成了人民的天，地变成了人民的地，他就已是从事民政工作的革命干部了。无论是镇里组织担架队抢救伤员，还是参加其他各种工作，他都奋不顾身，抢在前面。郑福来因为工作成绩优秀，很快被提拔，走上了领导岗位。1952年12月，郑福来光荣入党，同年当选为卢沟桥镇第一届镇长。经过区委党组织工作人员介绍，党训班批准入党。新中国成立后，根据革命工作需要，由外边调来的几名党员和当地几个新加入的党员，成立了卢沟桥乡新的党支部。

为了印证自己的光荣历史，郑福来拿出了珍藏多年、仅存的那本中国共产党北京市丰台区组织材料（1949—1987 年），上面明确记载着：1952 年年底，在卢沟桥镇成立党支部，加强党对该镇工作的领导，郑福来担任卢沟桥镇党支部书记。

毋庸讳言：什么是财富？不是金钱。什么是精神？不是说大话，编历史。经历就是财富，岁月就是精神！郑福来之前曾经代理卢沟桥乡党支部书记，转正之后正式担任该乡党支部书记。对 68 年前入党的情节，郑福来至今记忆犹新，“我志愿加入中国共产党，拥护党的纲领，遵守党的章程，履行党员义务，执行党的决定，严守党的纪律，保守党的秘密，对党忠诚，积极工作，为共产主义奋斗终身，随时准备为党和人民牺牲一切，永不叛党”。从入党第一天至今，68 年时间，郑福来的初心未曾改变。

卢沟桥不仅是块风水宝地，还是中华民族百年来巨变的缩影，也是中国自强不息，反抗外来侵略，烽火硝烟的战场。郑福来自幼在此长大，耳濡目染，受到熏陶，锻炼了胆识和勇气。小时候，他身为土生土长的卢沟桥人，家住卢沟桥桥西街，与曾经守卫卢沟桥和宛平城的中国军队二十九军第三营驻地岱王庙一路之隔。他记得每到吃饭的时候，部队的军人们端起碗来都要喊一句口号：“宁当战死鬼，不当亡国奴！”“这些饭食百姓供给，我们应当为百姓努力，日本强盗国民之敌，保卫国土我辈天职。”曾经，抗日将士们慷慨激昂的誓词，依旧萦绕在郑福来的耳边，激励着他血液沸腾，立志长大为国家为人民谋福利，随时准备牺牲自己的一切。

1948 年年底，卢沟桥解放，党的军管会部队到卢沟桥开会宣传发动群众，“不接受老百姓的一针一线”。在实际工作中，每一位人民军队的战士都时刻秉持这个信条。当年，中国共产党驻扎军队的一言一行，影响着年少的郑福来，人民军队官兵平等，军民鱼水情的事迹，他至今都记得。那一年，部队战士小刘生病，父亲蒸了一锅白薯给他送过去了一些，结果小刘遭到纪律组长的审查，事情惊动了连长和指导员，他们找到父亲，严肃地说："大爷，这是我们解放军的纪律。"

父亲为小刘感到冤枉，为他辩解，解释说："战士们平时为我们挑水干活，况且小刘还有病在身，你们谁都得吃这锅白薯。"在父亲的坚持下，最终战士们提议：用自己吃的高粱米饭和父亲蒸的白薯作交换，部队领导才勉强接受。"后来部队南下，父亲送别小刘的时候，还掉了眼泪。"

郑福来回忆起这些，心情激动地说，"这就是军民鱼水情，在短暂的整训时间里，解放军军队和老百姓就建立了深厚的感情"。"共产党领导的解放军，和卢沟桥附近的老百姓是一家人。老百姓是养鱼的水，解放军在水里生。老百姓没路走，解放军是开路的人，老百姓、解放军是一家人。"

1949 年，阳光普照，春风拂过桥西村，同年 3 月，永定镇(现为卢沟桥乡)成立人民政府，郑福来出任永定镇民政委员，父亲的支持也让他坚定了自己的选择。1949 年 10 月 1 日，是郑福来一生最为幸福的时刻，他以永定镇公安委员、民政委员的身份，带领七八个工作人员，到天安门参加开国大典。

作为一名普普通通的中国人，郑福来老人前半生经历了国家从站起来到富起来，从富起来到强起来的转变。对党的宗旨、执政理念的理解也是日积月累。他坚持观看每天晚上七点的新闻联播，阅读每期的《求是》杂志。对每一份党章文件，他都认真阅读，反复钻研，亲手做笔记，摘抄干货。实践是检验真理的唯一标准，郑福来将这些知识内化于心，外化于行，不断提高自身的素质和文化水平。

斗转星移，镇领导的工作，镇长、副乡长、乡长，几个岗位轮流着转。只有他，这个老卢沟，还在丰台这地界，他一直在卢沟桥附近工作，在这一亩三分地附近转，一干就是47年，直到退休。但他没有怨言，还是老老实实做人，踏踏实实做事。多年来默默无闻，脚踏实地地热爱着他生存的土地，热爱着家乡，建设家乡；热爱着永定河，美化永定河；热爱着卢沟桥，宣传卢沟桥精神。

中国百年来的沧桑巨变，人们生活水平的不断提高，环境、交通的改善，使郑老越发坚信：共产党一定能够改变中国的落后面貌，繁荣经济文化的发展，富国强民。其中最重要的一条就是：因为中国共产党把马克思主义的普遍真理与中国革命的具体实践相结合，把为人民服务写在自己的旗帜上，引领中国人民选择了马克思主义，忠实地信仰了马克思主义，通过实践证明，这是完全正确的。

这些文字，笔者摘引之处不是理论报刊，而是郑福来书桌上一本本中国共产党知识学习笔记中的一页。关于党的知识和观点，他不仅都亲手记下来，也深深烙印在他的脑海里。郑老最早的时候写读书心得，不够连贯，有时间就写，随意性很强。大都是用纸写，都是一张张的，后来镇里给他送了笔记本，就改为用本写，现在就是一本本的。走进郑老的书房兼办公室，书架上摆满成沓的笔记纸张，翻开任何一页，字迹都是写得工工整整，文字秀气而富于哲理。

笔者探寻的笔注又回到2007年7月7日，翻开郑福来那天写的笔记，他一笔一画写道："惨痛的历史一段一段渗在心中，我要把过去沉重灾难的故事讲给孩子们听，我担心现在的年轻人经不起种种诱惑，要让他们了解一下老一辈人经过的伤痛……"

当笔者追问郑老何以这样执着，不为当下市场经济大潮的冲击所影响，几十年如一日，坚持自己的价值观、世界观，义务做讲解员时，郑老眼里饱含着泪水说："因为我是旧社会黄连里泡大的苦瓜，幼年、少年、青年，经历了军阀混战、日伪统治，国民党军队拉壮丁，地主老财的剥削压迫，深知旧中国的积贫积弱，深知帝国主义侵略的苦难，深知封建社会老百姓过的是什么日子，深知人民没有政权意味着什么。”

翻阅郑老的读书笔记，字里行间渗透着他深厚的情感和忧虑，郑老他们这一代，深知新中国是无数先烈用鲜血和生命换来的，深知人民政权来之不易。作为“七七事变”的亲历者，多年来，只要有时间，他就到卢沟桥上做义务讲解员，曾经接待过 70 多个国家的外宾和数以万计的参观者。现身说法，讲解“七七事变”的苦难经历。许多朋友管他叫“镇长讲解员”。

外人可能不解：郑老何以矢志不渝地热衷八十多年前那场人类灾难的回忆？何以热衷用滔滔不绝的话语，热泪横流地品味卢沟桥这片土地上发生的改变人类命运、历史进程的苦酒？何以无数次地舔舐自己的疮疤，品味流血流泪的苦难生活？原来在郑老少年的记忆，有着一段刻骨铭心，难以忘却，想起就做噩梦的苦难经历。

1937 年 7 月 7 日深夜，那是一个闷热的夜晚，直到黎明，村里的人们才刚刚睡着。突然，一阵激烈的枪炮声，把年仅 6 岁的小福来从梦中惊醒，“也许又是日本侵略者在军事演习呢。”他翻了个身，又沉沉睡去。天亮了，他想背着新买的书包去私塾上学，却被焦虑一夜的父亲一把拽住说：“还上什么学?! 日本人打进城了!”原来，枪炮声响了一夜，只是少年不知愁滋味的他，还是个不懂事孩子，白天疯玩，正值夏天夜短，后半夜才睡着，不知道夜里卢沟桥发生了什么。

懵懂的小福来并不懂得父亲这句话的真正含意。当他溜出家门，看到村里街坊四邻的大爷大妈们凑在一起，躲在墙角僻静处，小声议论着什么，不远处有人号啕大哭。原来前一天还一起玩耍的邻家小哥哥四春子，被夜里落下的炮弹炸开了肚子，还没送进医院就断了气。“要是没死，他也将近 90 岁了。”回忆起那一幕，老人眼圈仍然泛红。

日军进攻卢沟桥的枪炮声，轰毁了小福来求学的梦想，在枪声炮火中，胆大的小福来躲在自家门口，看着一队队二十九军将士，荷枪实弹，冒着敌人的炮火，舍生忘死前去增援卢沟桥，支援宛平城抗战。附近长辛店的工人、十里八乡的农民，也不顾生死，帮着抗日将士修筑工事，还用盛粮食的麻袋灌上沙子，码在要道路口，构筑工事，许许多多的人家，蒸馒头、烙饼，支援抗战。

因为桥西村离敌我双方鏖战的战场卢沟桥不到百米，距离驻守卢沟桥的中国守军很近，日军进攻时，双方厮杀的喊声、枪声、拼刺刀的铁器磕碰声，叮叮当当，不时传进村里，炮弹不时落到房前屋后，人们都吓坏了，村里家家都紧闭门户，人们吓得战战兢兢，趴在炕下墙后，不敢出门，更不敢到窗户、门前走动。

父亲不放心爷爷奶奶的安全，想去他们那里看看，又怕被流弹击中，小福来认为自己目标小，自告奋勇要去。父亲看看年幼的女儿、体弱的妻子需要照顾，就答应了小福来的请求，让他跑到奶奶家打听消息。好在奶奶家离此不远，一家人也是一晚没有睡，哆哆嗦嗦，苦熬时光。小福来进门时，奶奶正让家人掀开炕席，撬开炕洞，准备钻进去躲藏。后被家人告知这样躲藏不安全，没有用，一旦炮弹炸塌房屋，埋在屋子里面，就更出不来。在人们的劝说下，奶奶只好放弃了这个打算。商量一番后，为了躲避战火，爷爷奶奶决定：让父亲带着他们母子几个，到乡下亲戚家避难。不知枪炮厉害的奶奶，竟天真地让小福来顶着锅盖跑回家，殊不知，那种秫秸秆做成的锅盖，别说防备枪炮子弹，就是防范一块砖头的冲击，也是无能为力的啊！

战争破坏了桥西村平静的生活，也轰毁了小福来的求学梦，家里离战场太近，随时会有生命危险。为了避免战火的伤害，父亲和母亲商量后，决定带着小福来和妹妹逃出战火纷飞的桥西村，他们借助夜色，踏着被炮火毁坏的村庄，在瓦砾废墟的掩映下，悄悄出村，一路逃往长辛店镇。

郑福来永远无法忘记归途中的所见所闻。“到处都是尸体。”说完这句话，老人沉默半晌，浑浊的双眼凝望远方。路上，大人们叮嘱：“闭上眼睛拉着大人的衣襟走路!”好奇心让他悄悄睁开眼：到处是土坑废墟，还有成堆的死人，“全是被日军杀死的无辜百姓”。我们出村时，偷偷回望一眼，夜色中，远远望见卢沟桥西桥头，燃起熊熊的篝火，发出呛人的气味，有人说：鬼子在烧战死的日军尸体。篝火旁，站着拿着刺刀的日本兵。动荡的夜晚，不平静的村庄，颠沛流离的童年，怎么能忘啊？

他们一家，磕磕绊绊，路过长辛店时，突然看见，一个小树林中，摆放着一排排盖着白布的尸体。有人低声说这些停放着的尸体，都是为保家卫国牺牲的二十九军将士的遗体。善良的母亲害怕他们这些孩子看见这悲惨的一幕会做噩梦，赶快蒙上了他们的眼睛，并悄悄告诉小福来：孩子，这其中好多人你都认识。原来，从卢沟桥西桥头西行百米，就是郑福来的家。门前只隔一条小马路的岱王庙，曾是二十九军守桥官兵的驻地。小福来记得，“七七事变”前，这里是二十九军驻防地，每天都有一队队的士兵排着队，唱着歌打他家门口经过，在附近的空地上操练大刀。明晃晃的大刀上下翻飞，刀把上的红绸子随风飘舞，一个个小伙儿特光彩！因为爷爷时常帮驻军做杂务，小福来也跟着出入兵营，“士兵们还给他戗面馒头吃”。对此，他记忆深刻。

北平沦陷后，逃难的经历苦不堪言，他们一路逃到河北亲戚家，没想到日军在侵占卢沟桥之后，得陇望蜀，又把战火烧到河北；他们又南逃到保定，日军又烧杀抢掠追到保定，一家人缺吃少穿，再无去处。无奈地作出了一个冒险的决定：回家！一路艰辛，爸爸背着妹妹，七岁的娃娃牵着妈妈的手，沿着铁路，风餐露宿，一直北上，一双小腿，迈不下铁轨之间一根枕木的距离，要走好几步，到家时，那双母亲千辛万苦做的千层底布鞋，已然没有了鞋底，鞋帮都磨烂了。脱鞋时鞋帮与脚粘在了一起，脱不下来了。血水结痂和鞋帮粘在一起，妈妈流着泪，拿温水清洗，直到浸润鞋帮后，才慢慢脱下鞋子。过了半个多月，小福来才能下地走路。

说起日军占领卢沟桥之后，村民们当亡国奴的日子，郑老眼里就燃起怒火。那段苦难的岁月，虽然已然过去了八十多个春秋，但郑福来依然清楚地记得：晓月碑亭后，村民 13 人被日军集体杀害；吴振山的二叔经过日本岗哨没给鬼子行礼，被一刺刀捅死；郭均的爷爷在河滩捡柴火，被日军试新枪打死；村民金辉到河里打鱼，鬼子硬说他是八路军，放狼狗把他咬死了；村中妇女被日军强奸的更不在少数……

郑老还记得，日本侵略军在宛平城里为所欲为：村民不得随意出城，见到日本人必须鞠躬；粮食、布匹、棉花、煤油，特别是药，都被控制起来，老百姓只能吃发霉的杂粮磨成的面，有时连这都买不到；铜铁要上交，连木箱上的合页都被收走；为了活命，乡亲们只能挖野菜、吃树叶……

桥头，一个日本兵见到小福来，就拿枪瞄准他，做出射击的姿势，还啪啪啪……学着枪响。那个日本兵看到路人害怕的样子，得意地哈哈大笑。

哪里有压迫，哪里就有反抗，卢沟桥是英雄的桥，永定河是不屈的河，北京是英雄的土地，北京人民一直没有放弃反抗，他们积极配合八路军游击队开展各种敌后游击战，与日本帝国主义展开殊死的搏斗，挽救中华民族于生死存亡之际。卢沟桥当地居民跟平西根据地的游击队一直与日军进行斗争。“面对强敌，中华民族始终不屈不挠！”郑福来老人如是说。

十四年抗战，血雨腥风。正是在抗日战争的烽火硝烟中，郑福来得到锤炼，儿童团、民兵，敌后斗争，他逐渐长高，成为果敢、坚强的青年。八百多年的卢沟桥和滔滔不绝的永定河河水，见证了中华民族书写的一部顽强不屈、誓死抵抗外辱的英雄史诗!

二　卢沟桥诉说着什么

当下的许多年轻人对发生在卢沟桥，改变人类命运轨迹，把中华民族陷于水深火热、民族危亡的重大事件——“卢沟桥事变”知之甚少。亦对郑福来老人义务服务，半个世纪以来年年月月、岁岁天天，讲解卢沟桥事变的真相，感到不解或新奇，他们不理解一位耄耋老人何以这么执着，顶烈日，冒严寒，不计报酬，反反复复宣讲那一段苦难史、抗争史，抑或难以窥透老人内心的动力。其实，稍有历史知识的人都应该知道：“卢沟桥事变”给中国带来了什么，又给郑福来老人的人生世界带来了什么。

史学家分析历史事件的成因，喜欢用包葱或称剥竹笋的方式，探讨历史发展的前因后果。为了本文的需要，也为了窥透郑福来老人那颗不屈服的耄耋之心，先让笔者把探索的目光，聚焦郑福来生活的那片土壤，聚焦他朝夕相伴的卢沟桥，引领读者走进一个隐秘的世界——卢沟桥。

卢沟桥亦称芦沟桥，位于北京市丰台区永定河，因横跨卢沟河(即永定河)而得名，是古都北京现存最古老的石造联拱桥。桥身结构坚固，造型美观，具有极高的桥梁工程技术和艺术水平，充分体现了古代汉族劳动人民的聪明才智和桥梁建造的辉煌成就。曾经受到意大利旅行家马可波罗的称赞，卢沟桥始建于金大定二十九年(1189 年)，建成于金章宗明昌三年(1192 年)。在 700 年前，因马可·波罗游历此桥并把它介绍到欧洲而闻名于世。当年马可·波罗就是从这里进入北京的。不仅如此，卢沟桥还是自古以来，扼守北京门户的交通要道，历来为兵家必争之地。

在此，还应提及的是与卢沟桥相媲美的古代建筑——桥东的宛平城。锁京城，扼要道，雄踞京都。明末崇祯十一年(1638 年)开建，历三年而成。原为军营，后渐迁商肆民居，明清时称拱北城、拱极城。城东西长 640 米，南北长 320 米，城门分东西两座，东门为“顺治”，西门为“永昌”，清代改为“威严”。东西城门建有城楼、瓮城和闸楼。原来城四角各有一座角楼。南北城墙正中有马道，并在台上盖有楼和兵房。城墙周围有垛口、望孔，下有射眼，每个垛口都有盖板。

1928 年 12 月，因宛平县已改隶河北省，故而将宛平县公署由北平市内迁至拱极城，从此改名宛平城。宛平城城西的卢沟桥是北京进出内蒙古高原、南下中原的唯一通道，宛平城因其特殊地理位置，也成为南来北往的商旅必经之地。郑福来老人清清楚楚记得，那时候，他经常和小伙伴在永定河河汊水静处的河湾洗澡，打鱼摸虾；一有空闲，还不时溜进宛平城，去逛集市，买些日用品。可日军的炮火，轰毁了这一切，不仅炸碎了他的少年梦想，也把年幼的他带进无情苦难的岁月！过早地结束了他的少年时代。

郑福来记得：1937 年 7 月 7 日，日本侵略军在卢沟桥附近进行挑衅演习，并进而挑起事端炮轰宛平城，“七七事变”就此爆发。1937 年 7 月 8 日凌晨，日军进攻卢沟桥和宛平城，遭中国守军坚决反击。此后日军以协商解决为缓兵之计，暂缓攻击，7 月 11 日后，战事再次因日军炮轰升级。7 月 28 日下午，中国军队在南苑战斗中失利。次日，日军即发起对宛平城及卢沟桥的总攻。7 月 29 日，双方激战一天，至傍晚，日军工兵炸毁宛平城东门，日军遂突入城内，经激烈巷战，中国军队于晚八时三十分左右完全退出宛平城，宛平城遂告失陷。至今离宛平城不远的大枣山上还矗立着抗日英雄赵登禹将军的陵墓。1945 年，日本宣布投降，宛平城随同北平一起光复。卢沟桥地处京都咽喉，为兵家必争之地。宛平城实为一座保卫京城的桥头堡。

为了再现古桥风貌，1986—1987年修复卢沟桥时，特意保留了一段凹凸不平的桥面。在桥西北侧雁翅上，有一座乾隆重葺卢沟桥碑，记载了乾隆五十年修葺卢沟桥的经过。史料记载：看晓月要在黎明时分，站在古桥上，凭栏远眺，西山叠翠，月色妩媚。然而，卢沟桥真正享誉全球，成为中华民族英勇不屈象征精神的丰碑，是在1937年7月7日，日本帝国主义侵占了我国东北三省，接着又蚕食华北，妄图把侵略的魔爪伸向全中国。至当年上半年，北平的东、北、西三面都被日军和伪军控制，位于北平西南郊的卢沟桥便成了平津通往南方的咽喉要道。

“卢沟桥事变”给这座闻名中外、享誉世界的古桥，带来了灾难性的毁坏，也把这一美丽富饶的永定河畔，带进烽火连天的岁月。

觉醒的中国人民在中国共产党的领导下，经过艰苦卓绝十四年的抗争，终于取得了抗日战争的胜利。卢沟桥迎来了新生，宛平城迎来了新生，郑福来迎来了新生，永定河畔的人民群众迎来了崭新的天地。

说起抗日战争的胜利，郑老的喜悦溢于言表。天是晴的，花儿是鲜艳的，土地是人民的！在这块土地上自由呼吸，就是一种幸福。时至今日，郑老毫不掩饰当家做主人的喜悦与自豪。当年，他看到日本旗在卢沟桥、宛平城被拔去的时候，热泪盈眶，恨不得跑到卢沟桥上去大哭一场，告慰那些罹难的同胞，告慰死难的烈士，告慰那些血洒卢沟桥的苦难村民！

三　饮水思源不忘本

俗话说：不吃苦中苦，难知甜中甜。郑福来这位黄连中泡大的“苦瓜”，深知新中国的来之不易，更知道新生活的可贵。无论是在卢沟桥镇领导的岗位，还是退休的生活，他都十分珍惜。看到这里，有人会说，不就是一个基层退休干部吗？住着农家屋，吃着家常菜，有什么呀？还是幸福生活？……郑福来得知此言论，不以为然。什么是幸福？什么是生活？不是吃香的、喝辣的、穿好的，就是幸福；不是有车有房，高楼大厦，就是生活。在郑福来老人看来：有追求、有理想、有奔头的日子，才是幸福！有奋斗，有目标，为人民服务，才是生活。

为了验证自己的观点，郑福来老人说：不说别的，就光卢沟桥历史，卢沟桥文化，就值得中国人骄傲和自豪。不说别的，就说卢沟桥的狮子文化，就可说上三天三夜。狮子是什么？学问大了。卢沟桥石狮子的深邃含义，不光是在桥上雕刻摆放多少石头雕刻的动物造型，蕴含的含义深奥得很！还有，儒家学说和传统文化，什么地方摆狮子？什么地方该摆，什么地方不该摆？摆大摆小？朝向如何？很有讲究！这是中国优秀传统文化的重要组成部分，精华！

看到笔者有兴趣，郑福来走到笔者面前，声音洪亮，滔滔不绝地讲了起来：知道不？北京有句歇后语："卢沟桥的狮子——数不清。"这座狮子多得数不清的桥，建于1189年。这是一座什么桥啊？古桥？石桥？神桥？英雄的桥？不说别的，就是这个"桥"字吧，就学问大了去了！"木"字旁，一个"乔"，组成"桥"。此外，近音字、近形字：娇、骄、轿……字的右部，都是"乔"，象征美好不说，还是轿子、轿车，过去，只有有钱人、当大官的，才能坐轿子、坐轿车，那么卢沟桥是联拱石桥，石头建的桥，总长约266米，这么长的距离，如果光秃秃，有什么意思，摆些雕塑，不就好看了嘛？摆什么能与石头桥搭配？造桥工匠可费了心思了。思谋良久，确定石狮子：石狮（事事）平安，既有象征意义，又不怕风吹日晒，再则，引申义也富于联想，桥、轿，当官有钱，方便了百姓交通。造桥总比造宫殿强！有利民生。

郑老娓娓道来的一席话，符合历史发展的规律，看来当年这位连念私塾的梦想都被日军的炮火轰毁的小福来，在岁月的风霜雨雪中，早已自学成才。"还有，你不知道吧？卢沟桥281根望柱，每个柱子上都雕着狮子。要不仔细认真地数，真是数不清呢。”郑老拉开话匣子：这些狮子真有意思。它们有大有小，大的有几十厘米高，小的只有几厘米，甚至连鼻子眼睛都看不清。它们的形状各不相同，有的蹲坐在石柱上，好像朝着远方长吼；有的低着头，好像专心听桥下的流水声；有的小狮子偎依在母狮子的怀里，好像正在熟睡；有的小狮子藏在大狮子的身后，好像在做有趣的游戏；还有的小狮子大概太淘气了，被大狮子用爪子按在地上……卢沟桥的狮子大小不一，形态各异，真是很难数清楚。但是文物工作者已经数清了，总共是 501 只。

早在 13 世纪，卢沟桥就已闻名世界。那时候，有一个意大利人叫马可·波罗，来过中国，在他的游记里，十分推崇卢沟桥这座石桥，赞誉它“是世界上独一无二的”。“马先生”并且特别欣赏桥栏柱上刻的狮子，说它们“共同构成美丽的奇观”！“马先生？”笔者闻言一怔，不解其意。“就是马可·波罗……”郑福来风趣地解释道。

至于桥名的起因？说法各异，但大多是一家之言。郑老更倾向于民间传说：因卢沟桥桥身跨越卢沟河，人们都称它为卢沟桥。早在战国时代，卢沟河渡口一带已是燕蓟的交通要道，兵家必争之地。浮桥不堪重负，而且时常被洪水冲毁，统治者看到此桥的战略意义、经济意义和交通的重要性，1444 年重修卢沟桥。

清康熙年间永定河再发洪水，桥体受损严重，不能再用，大量几百年的古迹在洪水中销声匿迹。1698 年重修，康熙命在桥西头立碑，记述重修卢沟桥经过。1908 年，清光绪帝死后，葬于河北省易县清西陵，必须通过卢沟桥。由于卢沟桥桥面窄，只得将桥边石栏拆除，添搭木桥。事后又照猫画虎，将石栏照原样恢复。

说起卢沟桥的往事，郑老如数家珍，中华人民共和国成立后，百废待兴，人民政府为了便于交通，在卢沟桥桥面加铺柏油，并加宽了步道，同时对石狮碑亭作了修缮。1961 年，卢沟桥和附近的宛平县城被公布为第一批国家重点文物保护单位。1971 年，为保护卢沟桥减少其运输量而建立的卢沟新桥完工，但卢沟桥仍然继续承担交通运输任务。1986 年，卢沟桥历史文物修复委员会成立，目的在于恢复卢沟桥原貌，工程拆除了 1949 年后铺设的柏油和 1967 年加宽的步道，恢复了古桥的原貌，同时将机动车的通行移至紧邻的卢沟新桥与之后修建的京石高速公路。

你知道吗？历史上有两个卢沟桥？郑福来忽儿神秘地问。笔者一脸懵懂，茫然地摇摇头。

最初的卢沟桥建于金朝大定二十九年(1189 年)，到清朝康熙年间毁于洪水。康熙三十七年(1698 年)重建，这才有了卢沟桥。并改无定河为永定河，建成卢沟桥，一下通到河北永清县的河堤，重点是左堤以及下游防洪的一系列水利设施，这才基本驯服了永定河。因此，民间通常所说的卢沟桥有八百余年历史，是把新旧两个桥的时间算在一起，我们所看到的是康熙重建的卢沟桥，只有三百余年的历史。哦，又是一段奇闻，更是一段历史，笔者心里亮堂了许多。

“其实，卢沟桥真正获得新生，是新中国之后的 70 年间……”郑福来屈指诉说道：1967 年 8 月，市政府为解决卢沟桥交通不畅问题，在这加宽 400 余米步道、建立 59 道混凝土挑梁的修缮工程中，一名青年工人任施工队队长，施工队中有一名贫农出身的老石工，自己做主大胆地更换望柱 91 根、栏板 9 块。在 91 根望柱上共雕出石狮 164 只，比原有 91 根望柱上的狮子总数多出 5 只，使全桥望柱上的狮子总数达到 491 只。劳动创造业绩，劳动创造历史。人民群众焕发的劳动热情，创造了新的历史和文化。1971 年，北京市根据首都建设、交通运输的需要，在距卢沟桥约一公里远处又新建了“卢沟新桥”。这是一座 17 孔跨河公路桥。1985 年又在旁边建了一座新桥，古卢沟桥从此成为文物，不再通车。1986 年，北京市政府专门成立了“卢沟桥历史文物修复委员会”，全面修缮了古桥。

中华人民共和国成立后，人民政府十分重视古桥的保护和修缮，不仅将卢沟桥的桥面加铺了柏油，修了桥上的碑亭、石栏及柱狮，还加宽了400余米的步道，建立了59道混凝土挑梁。此后，又发起保护古桥，恢复古桥原貌的活动；统筹规划，动员各界，组织修缮。不仅加固了原石栏望柱，还清除了沥青，恢复了桥面；同时修缮了宛平城，复原了城楼，并全面整修了桥券、桥墩，还对古桥全部望柱、栏板、地袱、桥面、华表、石碑等实施防风化及防渗漏保护措施。桥面整修时，中间空出印心，完全保留古桥的原状。

对于那段血与火的苦难岁月，不仅郑福来没有忘，人民也没有忘，为了铭记卢沟桥抗战的伟大意义，在宛平城内，不仅投巨资建起规模宏大的“中国人民抗日战争纪念馆”和广场，还在宛平城南侧，兴建了中国人民抗日战争纪念雕塑园，对青少年进行爱国主义教育。这是一块集历史、文化、艺术和革命传统教育于一体的观光胜地。它于1995年7月7日奠基，2000年7月竣工，8月16日正式对社会开放。抗战雕塑园位于丰台区宛平城与京港澳高速公路之间的三角地带，西临永定河，南望京港澳高速，北倚宛平城。置身于雕塑园中，举目眺望，纪念碑巍然高耸，雕塑群凝重悲壮，宛平城墙岁月沧桑，不禁令观众浮想联翩，万千感受油然而生。

四　做历史见证者的义务宣讲员

对于卢沟桥深厚底蕴文化的了解，还不是郑福来这名历史见证者做义务宣讲员的真正动力。真正搏动那颗赤诚之心的动力，来自老人的感恩报恩之心。

更为可贵之处，还在于郑福来不仅不愿独自享受这一伟大历史的沐浴，还更乐意与他人分享这一辉煌时刻。由此，他工作退休，人没有退休，三十多年来，一有时间，就到卢沟桥做义务讲解员，讲解卢沟桥的悠久历史，控诉日本帝国主义的侵略，宣传新中国的伟大成就，歌颂卢沟桥获得新生的巨变，成为近百年卢沟桥活的历史、真实的教科书。由此，郑福来的名字不仅在古桥卢沟桥附近家喻户晓，他的名字还上了报纸、电视、广播，就连最新传播媒体网络，只要搜寻“郑福来”三个字，各种宣传报道也是铺天盖地、目不暇接。

请看北京媒体的一次报道：今年8月20日17时，阳光依然刺眼。宛平城边卢沟桥上，一位穿着深色短袖衬衫的老人，在一群孩子的簇拥下缓缓走来。“宛平城墙上的弹坑是谁炸的？干了这么多坏事的是什么人？”“日本侵略者！”

语调苍老的提问，稚嫩中透着青少年清脆的回答，让过往的游客驻足凝听。这位给孩子们作讲解的老人，就是新中国北京市丰台区卢沟桥镇第一任镇长郑福来。世居卢沟桥西桥头的他，已经88岁高龄，目睹了“七七事变”的血雨腥风，亲历了抗战的艰辛岁月。64年来，只要有时间，他就到卢沟桥上作义务讲解，接待过70多个国家的外宾和数以万计的参观者。如今，他仍坚持不懈地用一个亲历者的讲述，传承着民族的记忆。

啊！记忆？记忆是什么？记忆是人类某个时期、某个人的经历，那么，卢沟桥的记忆呢？那就是几百年的风吹雨打。卢沟桥上的石板路早已凹凸不平。郑福来脸上一道道风霜雕刻出的纹路，同样深刻而醒目。作为抗日战争的亲历者，郑福来不管是刮风下雨，还是烈日严寒，只要有空，都会到卢沟桥上为游客讲解抗战史。他也一直尽自己所能，精心呵护着与历史有关的一砖一瓦。

郑福来清楚记得，他第一次作解说是1951年，那一年，卢沟桥乡刚刚建立，他作为乡政府代表，接待新中国友好客人——美国友好人士、著名记者爱波斯坦，美国客人看得很仔细，在卢沟桥上久久徘徊，还在卢沟桥桥头和卢沟晓月石碑前拍了很多照片，郑老回忆说：“我给他讲‘七七事变’，又带他看了城墙上日本人留下的弹痕，还有被炸毁的城门楼、宛平县署……”爱波斯坦很受感动，我发挥了宣讲员的作用。

此后，为让后人记住这段历史，郑福来一有空闲，就去找当地很多老人，搜集他们当年的所见所闻，丰富自己的解说材料。他找到曾经在日伪收容所里看门的范大爷，了解到当时收容所里潮湿人多，连饿带病死了300多人。

郑福来聪明好学，他不仅丰富地补充了众多“老人言”史料记忆，还充实他们断断续续的介绍。他还自学了卢沟桥、宛平城的历史。在以后的讲演介绍中，郑福来感同身受。同时，他还通过查阅史料、亲自访谈，充分了解了时任宛平县长王冷斋和驻军营长金振中与日军的斗智斗勇。掌握这些丰厚的史料后，郑福来更加得心应手，无论面对外国嘉宾，还是国家领导，他都信心满怀，充满激情。

“雨季时，永定河水大浪滔天，卢沟桥是通往南方各省的咽喉要道，北边不远就是平汉铁路桥……”只要郑福来老人一开腔，游客们的注意力就会立刻被吸引过来。在卢沟桥地区，郑福来非常有威望。几十年来，他一直尽自己所能，精心呵护着与历史有关的一砖一瓦。“郑哥是我们的老镇长，老百姓对他挺佩服!”在老邻居张耀眼中的郑哥，没私心，工作特别认真负责，“他的子女，没一个到工厂、机关工作的，名额都让给了街坊四邻”。

宛平城墙上的弹痕、豁口是日军侵略的铁证。新中国成立后，有人要拆城砖垒猪圈。“不行，一块都不行!”郑福来严厉制止。宛平城城墙几次大修，他在一线监督工程进展，并特意请示主管领导，把城墙上的弹坑弹痕保留了下来。作为抗日战争的亲历者，出于对这段历史的敬重，郑福来不管刮风下雨，还是烈日严寒，只要有空，都会到卢沟桥上为游客讲解抗战史。卢沟桥，从东走到西 266.5 米；宛平城，从东走到西 640 米。这段近 1 千米的路，郑福来风雨无阻地走了六十多年。

如今，郑福来是远近闻名的“镇长讲解员”，众多国内外参观者慕名而来；他时常去军营、政府机构和企事业单位义务演讲。只要有人邀请，老人绝不推脱，也从不收一分钱。2010 年 8 月，纪念抗日战争胜利 65 周年时，他在一个月时间里接待了 40 余家国内外媒体。郑福来说，这是他作为亲历者应尽的责任和义务。

有一次，郑老乘坐出租车，司机得知目的地是宛平城时，自豪地说：“我年轻时去参观过，一位镇长给我义务讲解抗战史，现在还记得清清楚楚。”郑老安静地听着司机深情的回忆，脸上露出欣慰的笑容。

“镇长讲解员”的声名越传越远、越传越响，成了卢沟桥的一个标志。如今，他已是耄耋之年，身体状况每况愈下，但他仍坚持每天往返卢沟桥，为游客义务讲解。只要是讲抗战故事，老人从不喊累。

“有人问我，为什么这么多年还要讲，还是放不下？”郑福来道出心里话，“我老了，受过了，眼看着日本人的侵略罪行，那种历史不能重演。我有义务、有责任让年轻人记住这段惨痛的历史，接受爱国主义教育，所以要坚持啊，必须要坚持！”

“我哥哥他对这件事特别认真。”郑福来的弟弟郑福龙对老人的这份坚持体会很深。也许正因为有了这份执着，这位耄耋老人依然耳聪目明。

除了作义务讲解员，郑福来还是一位耐心的“师傅”。生于 1987 年的张妍是郑老前不久收的“徒弟”，她是土生土长的卢沟桥人，在抗战雕塑园当讲解员。老人把自己的讲解经验倾囊相授，叮嘱她“不光讲卢沟桥的历史文化，还要有那段抗战史”。比如，面对小学生要多讲一些小故事，讲卢沟桥的传说或者抗战英雄人物；面对军人就重点讲当年的军人是如何流血牺牲的；跟日本人讲的时候必须如实讲侵略罪行，也必须得讲我们愿意和日本人民友好的态度……

张妍学得很认真；“老人讲解经验非常丰富，他把他的经验，遇到过的一些让人意想不到的问题告诉我，教我如何去应答。老人想把自己知道的东西都留下来，让我们继续去讲述。他还经常督促我，要多读书多看报。”

采访一结束，郑老又到卢沟桥上去做讲解了。“那段苦难而不屈的历史一直印在我的脑子里，我活一天就要讲一天，能活到100岁，我就讲到100岁！既然承诺我就坚持到底！”郑福来老人如是说。他这么做不为别的，就为了让国人能牢记这段历史，奋发图强！令他感到欣慰的是，那段血泪史就像宛平城上的弹痕，已经深深地刻印在一代又一代中国人的心中。

“老爷爷，你真棒！精力还这么旺盛，讲得这么好！一定能活到茶年！”在一次桥头讲解中，一位游客竖起拇指称赞。

茶年？什么是茶年？郑老不懂。他回到家，赶紧查字典，没有结果，他找来纸笔，写出“茶”字，豁然开朗。原来“茶”草字头，代表古字二十，下面的“人”，代表八字，下面的“木”字去掉一撇一捺，剩下“十”合计是二十加八十是一百，而“木”字去掉的一撇一捺，也可视为“八”。茶年的含义，就是一百零八岁。这位游客是在称赞郑老，祝愿他长命百岁，活到108岁，多么良好的祝愿！有付出，就会有回报！人心所向，代表天意！

郑福来，“七七事变”亲历者，世代居住在卢沟桥西桥头，是卢沟桥镇的老镇长。60多年来，他一直坚守在卢沟桥畔，用一个亲历者的讲述，传承着民族记忆。迄今为止，他已义务接待过70多个国家的外宾和数以万计的参观者。“那段苦难，已刻在脑子里、印在心里，我活一天就要讲一天。”

五　肩负先烈的嘱托

采访郑老，印象中他的最大特点，就是像一团火，温暖着每一个走近他的人。听他讲演，别人插不上嘴。而且，老人讲起来，不仅话语滔滔不绝，妙语连珠，还助以姿势说话、讲演，为了吸引听讲者的注意力，他还不顾年迈，走到你面前，绘声绘色，犹如舞者跳迪斯科。

“抗战不分你我，抗战没有国界。在这片土地上为抗战牺牲的每一位先烈的事迹都值得被铭记。”说到“卢沟桥事变”77周年之际，习近平总书记在抗日战争纪念馆的讲话，郑老十分赞同。对于为正面战场的国民党死难烈士和在世的抗战老战士颁发荣誉勋章，郑老更是举双手赞成：“丰碑立下了，这段可歌可泣的抗战历史就保住了。”历史就是历史，事实就是事实，历史不容歪曲，事实不容篡改！国家领导人的讲话太好了，讲出了我们老百姓的心里话！提到世界反法西斯战争暨中国抗日战争胜利70周年的“九三”大阅兵，郑老更是激动，烈士的血不能白流！后人不能忘记历史！现在就应该彰显我们中华民族作为东方主战场取得的伟大胜利！不然，我们心里的“窝脖气”出不来。

近年来，郑福来养成了用写诗表达愤慨的习惯。“每次看到日本否认侵华历史的新闻，他就记录下来，把不满写成诗，现在都已经很厚一摞了。”

为了让青年了解历史，了解过去的苦难，郑老废寝忘食，除去做义务讲解员，就是写心得。谈到他此举的目的时，他说：“我这么做不为别的，就是为了让我们中国人，特别是青年一代，能牢记这段历史，奋发图强。”

虽已步入耄耋之年，但郑福来不服老。为了全面介绍历史，在义务讲解的过程中，他不仅经常“采访”街坊乡邻、补充知识，还逐渐研究、整理、收集近期国内外发现的有关卢沟桥事变的史料，成为最熟悉卢沟桥这段历史的“活标本”。每天清晨，郑福来老人一如既往，利索地爬上台阶，穿过卢沟晓月碑，来到卢沟桥坑坑洼洼的桥面上。

“老爷子来了，你们快去听他讲卢沟桥事变。”桥头小贩对他再熟悉不过，见他一来，忙催促着前来探访的学生游客。几名大学生呼啦一下，把郑福来围在了桥上的石狮旁。“好，我就爱给学生讲!”郑福来或者顶着炎炎烈日，或者衬着金秋时节蓝天白云，或者冒着寒冬雪花，或者在春风拂面的时候，向着年轻学子们和来自世界各地的游客，一次次讲起了 80 多年前的亲身经历。

“我是土生土长的卢沟桥本地人，1937 年，我只有 7 岁……”“时代楷模”“北京榜样”郑福来老人坐在台上，回想起自己丰富的人生经历，时而激昂，时而低沉。

在中国人民抗日战争纪念馆举办的首都大学生“忆抗战，学党史，强党性”党课活动自启动以来的第八场专题党课，在“七一”前夕，抗战馆特意邀请“七七事变”的亲历者、66 年来坚持在卢沟桥上为参观者义务讲解抗战历史的“时代楷模”“北京榜样”郑福来，到抗战馆分享人生经历，给大学生党员上一堂生动的党课。

在一个半小时的时间里，他与近百名来自中央音乐学院的大学生党员分享了自己的人生历程，并以一名老党员的视角，畅谈了“什么是党性，怎样做一名合格共产党员”的认识和体会。台下，有的同学边听边记笔记，有的因为深受感动而流下了热泪。在互动交流环节，台下的大学生党员踊跃举手提问，“请问您为什么不计报酬地坚持讲解抗战历史这么多年?”“有人说您傻，也有人说您是为了出名，您对此怎么看?”郑福来老人面带微笑，对提出的问题一一作答，并勉励大学生：“不懂历史就没有根，要做个有根的中国人。”

对“自己人”，对青年，郑老不仅讲述“七七事变”历史，讲述乡亲们的苦难，还结合党和国家各个阶段的中心工作，讲述党的政策和社会主义优越性。

对国际友人，特别是日本人，他会根据态度和对象分别对待。“不仅讲罪行，还讲友好”。有一次，一名来访的日本女记者听了郑老的讲述后说：“我就不爱听侵略这俩字。”郑老说，“她年轻，我告诉她，我们中国人有句话，叫‘一就是一、二就是二’；真的假不了，假的真不了。旁边的英国人对我竖起了大拇指”。

说起义务讲解，郑老说自己才是最大的受益者。一来讲述的过程中“把自己也教育了”；二来讲解之后，更加健康、清醒，所以“多活一天我就多讲一天。要是能活到100岁，我就讲到100岁”。

“我们这儿有一个老太太，一见我讲解就在树荫底下问：又去讲解啊？管饭吗？给钱吗？”郑福来乐了，“讲解这事儿，我不图啥——我就住这儿，我全都了解，我不收钱，是义务讲解”。郑老每天都备好白开水带着。桥头卖饮料的开玩笑说，“这老爷子，一瓶水的光我都沾不上您的”。

郑老义务讲解这么多年，也怕后继无人，一有空就培养“徒弟”。他的徒弟有比他还年长的老人，也有不足10岁的小学生。他更多的时候是到抗日战争雕塑园培训讲解员。

郑老对年长的“徒弟”说：“你们年纪大，有胡子，给年轻人讲讲吧！”那些年纪大的“徒弟”因为没文化，有时候讲几句就不好意思了，“又把我推前头了，你们还是听他说吧！”郑老最得意的徒弟，是抗日战争雕塑园的女弟子张妍。“这孩子脑子清楚，表达能力强。”郑老说，“现在他们讲解都有文字材料了，这段历史不会遗失了”。

“其实我自己也掉过好几次眼泪，不为别的，就为得到游客的认可”。郑福来老人近年来获得了不少荣誉，近年来不仅获得中宣部颁发的“时代楷模”荣誉称号，还荣获2015年度北京“十大榜样”光荣称号，荣誉证书高高的一大摞。也是在正式讲解这段历史的开始，退休后时间充裕了，郑福来就把义务讲解当成了“专职”。郑老反复说，“不懂历史就没有根、没有魂；不铭记历史，爱国主义情怀怎么传承呢”？

多年的义务讲解，幽默的郑老说自己对时间和内容的把握都比较精准。说讲一小时，基本上能在 59 分钟的时候结束。在与近百名来自中央音乐学院的大学生党员分享了自己的人生历程，并以一名老党员的视角，畅谈了“什么是党性，怎样做一名合格共产党员”的认识和体会。在“七一”前夕，抗战馆特意邀请“七七事变”的亲历者，多年来坚持在卢沟桥上为参观者义务讲解抗战历史，分享人生经历，给大学生党员上一堂生动的党课。充分利用卢沟桥、抗战馆教育资源，切实发挥全国优秀爱国主义教育基地和廉政建设教育基地作用，通过引导大学生党员看展览、听讲座、讲心得、悟真理、带研学、促践行，搭建起馆校结合党建协作综合教育实践平台，打造出情景化、故事化、体验化、生活化党课教育模式，努力用抗战精神、红色基因、廉政文化来加强大学生党员的党性教育活动。

一位观众观看了电视系列片《为你而歌》(第十六部)，其中讲述老共产党员郑福来的故事，他深情写道：从郑老身上看到了新时代共产党员形象，作为一名普通党员，他为党和人民的事业兢兢业业地工作，默默地奉献，保持党员先进性，充分发挥先锋模范作用。他们以自己生动、鲜活的崭新形象诠释了中国共产党党员在新时代社会主义建设时期的理想、信念和追求，全面展示出共产党员的标准是什么、忠诚担当。从此他的头脑里筑牢了一个信念，用党员的标准要求自己。向张福来学习，我是党员，不要忘了自己使命。像张福来一样生活，一个 80 多岁的老党员，用实际行动诠释了一名共产党员的忠诚，几十年如一日，牢记初心，不忘使命。

2018 年 6 月 27 日，丰台区卢沟桥附近的室外温度，逼近 40℃，近 90 岁的郑福来仍旧坚持一天到卢沟桥上两趟，为各路游客讲解一番，回到家已是晚上 8 点，坐在书桌前写资料也是例行多年的习惯。“作为‘七七事变’的亲历者，我要把这段历史讲给每个中国人听，传承先烈不怕流血牺牲的精神。这是我应尽的义务和责任，活着就要坚守我的‘阵地’。”

卢沟桥义务讲解员是郑福来对自己的定位。他经常去学校、政府机构和企事业单位做讲解，郑福来也从不收钱。在义务讲解过程中，郑福来不断积累。从 1982 年《忆七七》起，郑福来开始写诗留存那段历史，现在这些诗集手稿堆满了他的书桌。他还通过走访当地老人了解卢沟桥的历史故事，撰写了 40 篇关于卢沟桥的神话故事。凭借对卢沟桥传说民间文学的贡献，2015 年，郑福来被评为第四批北京市级非物质文化遗产项目代表性传承人。

采访郑老的时间不知不觉已然悄悄过去了好几小时，日晷西游，我们竟然忘记了时间的存在，忘记了饱腹，甚至连茶也没有沏，水也没有来得及喝。突然，电话铃声响起，对方是丰台区文史办，他们下午 2 点半要来参观非物质文化遗产，要郑老介绍卢沟桥的故事。郑老一看表，马上就要到时间了。无奈，笔者收起笔记本，赶忙告辞！走出郑老的家门，老人送到门口，连连嘱托，有空再来。

笔者也是一个甲子有余的年龄，知道文字工作的劳累和辛苦，回眸郑老，看到他疲倦的身躯，内心很是感动，连话也不便再说。目的就是早点离开，让耄耋之年的郑老有个休息、躺一躺的机会！保重！卢沟桥的活化石郑福来！

生命一百年　情怀一世纪

——记热心捐赠的百岁抗战老英雄　王福昌

张瑞江

人物简介：

王福昌，男，1915 年 12 月生，总参某部副军职离休干部。这位百岁老人是位伤残抗战老英雄，他省吃俭用，近 20 年来累计为灾区等地捐款 80 多万元。2000 年以来，他已连续 8 次交纳特殊党费，累计 25.5 万元。按职级待遇，他可以使用价值四万多元舒适性好的进口义肢，但他却执意使用廉价义肢。他签了遗体捐献协议，逝世后还要捐献积蓄。

一

金秋十月的北京，第五届全国道德模范座谈会在浓厚的气氛中召开。习近平总书记对 2015 年 10 月 13 日召开的全国道德模范座谈会高度重视，向受表彰的全国道德模范致以热烈的祝贺和崇高的敬意，并作出重要指示："要持续深化社会主义思想道德建设，弘扬中华传统美德，弘扬时代新风，用社会主义核心价值观凝魂聚力，更好构筑中国精神、中国价值、中国力量，为中国特色社会主义事业提供源源不断的精神动力和道德滋养。"座谈会上，五类道德模范中的第一类第一名王福昌，畅谈了自己助人为乐的人生体验，他表达了对习近平总书记为这次座谈会作出指示的认识，这既是对全社会的要求，更是对道德模范的要求。

王福昌是解放军总参谋部军训部北京第八干休所离休干部，被评为第五届全国道德模范中的"全国助人为乐模范"。这位百岁世纪老人出生在穷苦农民家庭，参加过抗日战争、解放战争、抗美援朝战争，经历了百团大战、延安保卫战、四平攻坚战、三下江南四保临江等战役。因在战斗中负伤而失去左腿，被评定为二等甲级伤残军人，曾获三级独立自由勋章、三级解放勋章、独立功勋荣誉章。按职级待遇，可以使用价值4万多元舒适性好的进口义肢，但他却执意使用廉价的义肢。他签了遗体捐献协议，逝世后还要捐献积蓄。

就是这样一位世纪老人，以穷其百岁一生的优秀品格，坚定追求并实践着共产党人的理想信念。百年精神、百年风采、百年考验、百年证明，自始至终给社会带来美好影响，同时也受到社会的广泛认知和高度赞誉。

王福昌，1915年12月1日，出生于河南太康一个贫苦农民家庭。太康自古以来，就是中原名城，人杰地灵，多出英贤能臣。王福昌自幼就受到家乡文化的熏陶。优秀的传统文化滋养着王福昌直到参加革命，乃至一生。23岁的王福昌坚信、拥护共产党的领导。1938年7月，王福昌毅然决然地投身革命，积极开展抗日革命的群众工作。参加革命3个月，1938年10月，很快加入中国共产党。入党2个月，1938年12月踊跃参军入伍。在后来的岁月里，王福昌经常讲，自1938年10月入党那天开始，就铁了心一生听党话、跟党走。

寒冷的冬日，刚刚入伍的王福昌就表现出顽强的斗志。冰天雪地里，刻苦训练，出色地完成任务，接连立功受奖。王福昌是八路军129师工兵连的战士，为了给陕甘宁边区运送粮食，不怕困难，不畏艰险，先后冲过三道封锁线，一夜急行，双脚打起血泡，忍着疼痛，健步行进。身体力行，鼓励战友们咬紧牙关，必须坚持，誓死完成任务。战友们没一个叫苦喊累，没有丢失一粒粮食。

1940年夏，王福昌所在部队参加了对日军开展的一次大规模的破袭作战，就是人们常常说的“百团大战”。王福昌和战友们穿行在青纱帐里，冒着雨水和敌人战斗。交通线发动总攻击时，王福昌积极发挥主观能动性，提出一系列科学办法，有效破坏铁路。王福昌随同部队经过20天的战斗，预定计划全部完成。路轨、桥梁、隧道、水塔、车站都被破坏。铁路以及主要公路被有效切断，致使华北交通线陷于瘫痪。接下来，王福昌和战友们继续扩大战果，摧毁交通线两侧和深入各抗日根据地的敌伪据点。在这些战斗中，我军给敌人以沉重的打击。而后，王福昌和战友们反击日伪军的报复“扫荡”。在这段时间里，王福昌随同大部队粉碎了日伪军对抗日根据地的大规模“扫荡”。由于王福昌在“百团大战”中表现特别突出，部队组织给予了他重大表彰。

1947年3月13日开始，蒋介石把对解放区的全面进攻改为重点进攻，其重点进攻方向之一就是陕甘宁边区，而首当其冲的就是中共中央和人民解放军总部所在地——延安。王福昌和战友们望着巍巍宝塔山，誓死保卫党中央，誓死保卫毛主席。决心以生命为代价，粉碎国民党攻占延安，摧毁中共党、政、军指挥中枢的阴谋。党中央根据敌我态势决定：先诱敌深入，适时放弃延安，在延安以北的山区创造战机，逐步消灭国民党军有生力量。王福昌参加的部队主力集结在延安东北的青化砭地区，待机伏击敌人。3月的延安，春寒料峭，干燥少雨，气候多变，大风扬沙。王福昌把自己的食物节省下来，给伤病员吃。王福昌积极参与山地战法研究，对如何诱敌深入，如何消灭进入伏击圈的敌人进行打击提出了很好的建议。同年 3 月 25 日，敌人进入解放军伏击圈内，就是在这延安“边陲之郡”“五路襟喉”的战略要地，王福昌和战友们以 6 倍于敌的兵力，展开猛烈攻击，经 1 个多小时的战斗，全歼敌军近 3000 人，活捉其旅长，给了国民党沉重的打击。王福昌在战斗中表现十分出色，立功受奖。

松花江以南的牡丹江、双鸭山、七台河、鸡西、双城，隆冬的严寒里，冰天雪地、寒风刺骨。1947 年 1 月 5 日，已是吉林军区工兵主任兼工兵营长的王福昌，带领战士们穿过冰封的松花江，开始了三下江南四保临江的战役。进入松花江以南后，向敌人发起猛烈攻击，先是包围了其塔木要点，吸引了国民党援军，在张麻子沟、焦家岭，将敌人歼灭。此时，由于气候极其恶劣，气温骤然降至零下 40 多摄氏度，作战行动受到严重障碍，部队不得不撤到江北。同年 1 月底至 2 月 7 日，国民党为摆脱两面作战的困境，于 1 月 30 日，又集中多部兵力，再犯临江。同年 2 月 5 日，王福昌和战友们对进至高力城子的敌军发起反击，战斗中王福昌表现非常勇敢，始终冲在部队最前列。这次歼敌 3000 余人。王福昌不怕疲劳，连续作战，在 6 日黄昏，和战友们又一次打退了敌人的进攻。同年 2 月 21 日，王福昌和战友们，再次穿过冰封的松花江，向吉林、长春地区展开进攻。这时气急败坏的国民党部队，将小丰满的水闸打开。顷刻间，冰封的松花江面就跑起了江水和浮冰。王福昌和战友们无奈之下，涉水横渡冰冷的松花江，又撤回了江北。气温一直在零下 40 多摄氏度，有很多战友在这次渡江中牺牲了。牺牲时的战友，或许都怀着深深的遗憾。因为他们不是在和敌人拼杀时牺牲，而是在未与敌人交锋时就冻死了。王福昌面对冻死的战友，心如刀绞、痛彻心扉，泪水流淌在脸颊上，很快就结成了冰。同年 3 月 8 日，王福昌和战友们又一次跨过松花江，在江南对敌展开反击战。面对敌人火力封锁，王福昌挺身而出，在枪林弹雨中将炸药包塞进敌人碉堡，为部队炸开了一条血路。同年3月26日，敌人调集兵力向临江地区发动进攻。王福昌和战友们且战且退，将敌人诱至主力设伏的地方，趁其立足未稳，突然发起猛攻，将敌人全部歼灭。就在这次战斗中，王福昌不怕牺牲，英勇顽强，在零下四十摄氏度的严寒条件下执行作战任务。由于在冰天雪地里隐蔽歼敌，潜伏时间长，加上御寒装备不足，王福昌左踝关节被严重冻伤后，左腿力不从心，一直不见好转。

松辽平原中部腹地，辽宁、吉林、内蒙古交界处，就是吉林四平。西班牙首都马德里在历史上，因战略位置重要而素有“欧洲之门”之称。四平是东北军事重地、吉林省的“南大门”，被誉为“东方马德里”。1947年夏，在这里发生了历史上著名的“四平攻坚战”。王福昌和他的战友们，敢打硬拼，屡立战功。攻打四平的战斗并不顺利，原计划5天攻下四平，在攻击了17天后，占领了四分之三城区时，被迫又撤出了。敌人已经把四平建成要塞化、永久式的坚固城市。“四平攻坚战”是东北民主联军以10万主力反复争夺未能获胜的城市恶战。在这场战斗中，王福昌冒着生命危险，在离敌人前沿仅300米的位置上勘察敌情，掌握第一手翔实情况。王福昌对城市的外围工事进行了分析研究，对如何炸小地堡、如何攻土城墙、如何越过沟堑，都提出了有价值的建议。对如何铰断铁丝网、发现陷阱、绕过地雷带，都想出了有效办法。在工事施工中，伤亡了3名战士，王福昌极度悲痛，但他化悲痛为力量，咬住牙关，为战友报了仇，夺取了战斗的最后胜利。后来冒着倾盆大雨，辗转泥泞道路，王福昌总是冲在最前面。后期转入巷战，白天不能作战，日长夜短，一打就天亮。王福昌发挥自己会打巷战、夜战的优长，引导战友们越打越熟练，使得战斗不断出现新转机。这次“四平攻坚战”没有达到预期目标，打得很艰苦，在发起总攻后16天久攻不下的情况下，敌人援兵临近，攻城部队撤退。

此次战役虽给敌人以沉重打击，但没有拿下四平城，部队损失很大，一些干部战士有怨气牢骚。面对战友们的不良情绪，王福昌积极发挥年轻时就读过师范学校的优势，在部队中主动开展思想政治工作，引导战友们正确看待革命形势，树立信心，争取最后胜利。在此次“四平攻坚战”中，王福昌展示了良好的政治素质，受到广大官兵的赞誉。可是，王福昌的左腿的伤势越来越严重，这是在东北“三下江南”战役的一次歼灭战中，王福昌在零下 40 多摄氏度的冰天雪地里潜伏一昼夜，左踝关节被严重冻伤，后来截去了左下肢，再后来被定为二等甲级伤残军人。

二

“我年轻时上的是师范，是师范学校培养了我。教育对于国家、对于军队非常重要。”王福昌一直有着这样的深切而真挚的体会。后来，王福昌任工程兵机械学校副校长。工程兵机械学校，是一所培养工程兵军用工程机械专业干部的技术学校，1978 年 2 月组建于北京昌平。任副校长的王福昌，一方面，非常注重在专业技术上培养干部，经过学校学习训练后，干部要具有精湛的专业技术，一流的业务能力，在部队军事工作中发挥重要作用。另一方面，特别重视在思想政治上培育干部。在王福昌看来，这两方面，对军队干部而言都不可或缺、不可偏废，正如车之两轮、鸟之两翼。因此，王福昌从对学校教员队伍严格要求入手，提高教学质量。他经常讲，教与学的主要矛盾方面在教员，教员在教学质量上起主导作用。

王福昌常常对教员、学员进行国防忧患意识教育。他说，我们工程兵机械学校所在地昌平，是自西汉开始设县，其名称有一种说法来自汉代贵族的封爵——昌平侯，取昌盛平安之意。我们驻扎在昌平，就应吸收昌平历史上的积极文化，为祖国的昌盛平安而不懈奋斗。他还经常对教员、学员讲起中国革命史，讲述抗日战争、解放战争、抗美援朝战争，讲述自己参加的百团大战、延安保卫战、四平攻坚战、三下江南四保临江等战役。王福昌有一个深刻体会，讲好革命故事，对教员、学员的思想政治教育具有很大作用。王福昌称，教师要自觉做到“学为人师，行为世范”。在生活中，王福昌都是率先垂范，要求非常严格。吃饭时，一粒米落在桌上，王福昌就捡起来放在嘴里。下级都普遍感到，王副校长在办公用品的使用上要求苛刻，从笔墨纸张开始，不准有丝毫的浪费。

转入离休生活的王福昌开始思索今后的人生。离休了，这只能说明离开了工作岗位，但坚定追求并实践共产党人的理想信念不能离位，共产党员的党性原则革命本色不能离位，全心全意为人民服务的宗旨不能离位，忠实为党为国家为人民奋斗与奉献的精神不能离位。

于是，离休后的王福昌的人生，在新的起点上绽放异彩。

时至2015年，1915年出生的王福昌100岁了。进入100岁的王福昌依然鹤发童颜、精神矍铄。这位百岁老人喜欢上了歌曲《革命人永远是年轻》：革命人永远是年轻/他好比大松树冬夏长青/他不怕风吹雨打/他不怕天寒地冻/他不摇也不动/永远挺立在山巅。王福昌说这首歌就是在唱他自己。百岁老人感慨良多，自己100岁了还健康地活着，都是党、国家、社会的关怀，为此，对党、国家、社会充满了感恩之情。

进入百岁后，王福昌更加怀念战争年代身边牺牲的战友，于是，这位百岁老人就常常来到北京市丰台区卢沟桥畔的宛平城内街101号，这里是中国人民抗日战争纪念馆，全国唯一一座全面反映中国人民抗日战争历史的大型综合性专题纪念馆。一段时间内，百岁老人王福昌接连多次走进这座国家一级博物馆、这座全国优秀爱国主义教育示范基地、这座全国国防教育基地、这座全国廉政教育基地、这座全国百家红色旅游经典景区。在这里，王福昌老人历览着抗日战争时期的各种历史文献和相关实物，历览着日本自1874年以来侵略和占领中国台湾地区的各类文物，内容涉及军事、政治、经济、文化、社会等诸多历史侧面。王福昌满怀深情、心境凝重，望着墙上的老首长，抗日战场的烽火与硝烟，活生生地浮现在眼前。望着墙上的一幅幅照片，照片下介绍着一次次战役，就在那一次次战役中，身边的战友一个个倒下了，有的还不满20岁。王福昌泪如泉涌，浇灌在满脸的褶皱里。战友们牺牲在了抗日战场上，自己却活下来了，还活到100岁。王福昌唏嘘不已、连连哽咽、心如刀绞，更加激起了他对牺牲战友的怀念。

2015年6月1日，是个星期一，是国际儿童节。早起时，王福昌还在听着歌曲《革命人永远是年轻》。吃过早饭，王福昌把原来的储蓄和刚刚收到的当月离休金，放在一起，共10万元，装进提包里，坐车出发了。王福昌怀着对日本侵略者的义愤和仇恨，来到卢沟桥畔，来到宛平城内街101号——中国人民抗日战争纪念馆，把10万元钱全部捐献给了抗日纪念馆，一位百岁老人的这一义举，感动了纪念馆的所有在场人员。这10万元，是一位老战士在异常简朴的生活中节俭的存储。这10万元，是一位革命者对革命的坚定信仰。这10万元，是一位抗战老兵对牺牲战友的真挚缅怀。这10万元，是一位世纪老人对党对国家对人民的博大情怀。

2008年5月12日14时28分04秒，四川汶川、北川，8级强震猝然袭来，大地颤抖，山河移位，满目疮痍，生离死别……

西南方，国有殇！

83岁高龄的王福昌震惊了！

王福昌对汶川地震非常关注。他在媒体上了解到，来自国家地震局的数据表明，此次地震的地震烈度达到11度。地震波及大半个中国及亚洲多个国家和地区，北至辽宁，东至上海，南至香港、澳门，并波及泰国、越南等国外地区，西至巴基斯坦均有震感，但此次地震的重灾区在四川，约 50 万平方千米的土地！

70 年党龄的王福昌失眠了！

王福昌特别渴望能像青壮年时驰骋沙场，为国立功。可是，现时已有 83 岁高龄的王福昌，只有叹息和遗憾。面对自己的年迈体衰，还失去了左腿，心如火焚，非常着急。于是，就给干休所政治委员兼党委书记打了电话，要求为这次汶川地震交纳“特殊党费”。

王福昌就急忙去了银行取款。由于没有提前预约大额取款，当日最多取 2 万元。王福昌从银行取出 2 万元现金后，又回到家里面，把家里的全部现金拿出来，加上银行取款，共 2 万多元，装在一个绿色军挎包里，就往干休所部赶。连日来，由于汶川地震，王福昌食不甘、夜不寐，体力不支，走了很长时间，才走到干休所。干休所会议室里，已经有现役军官和离退休老干部在等候捐款。望着步履蹒跚而来的王福昌老人，人们就提出让他到前面先捐。王福昌说：“只有特殊党费，没有特殊党员！大家都排队，我也要排队！”“特殊党费”就是源于像王福昌这样的部分党员和基层党组织反映，部分党员希望通过交纳大额党费的形式捐款，请中央组织部转交地震灾区，用于抗震救灾。根据中央领导同志的指示精神，中共中央组织部决定，尊重和鼓励党员通过党组织表达支援灾区的心愿，接受党员以党费捐款，作为“特殊党费”转送地震灾区。“特殊党费”是在特殊时期，党尊重和鼓励党员交纳“特殊党费”表达个人的心愿。以党费的形式捐款，是作为一个共产党员思想觉悟先进性的表现。“特殊党费”就是在特殊时期交纳的义务之外的党费。“特殊党费”彰显党性光辉，它体现着广大党员特殊的形象、特殊的责任和特殊的情意，是党同人民群众“心连心、同呼吸、共命运”的生动写照。

2000年以来，王福昌老人已连续8次交纳“特殊党费”，累计25.5万元。王社光说：“每次捐款后，爸爸都特别高兴。有人丢了钱包还沮丧呢，可爸爸每次把钱捐出去后都是满面红光。”

2014年7月1日，王福昌在党的99岁生日之际，给党组织写了一封信，其中有这样一段话：“我今年99岁了，受党培养教育76年，目睹了党的发展壮大、祖国的日益强盛。如今年龄大了，不能为党工作了，只能以交纳特殊党费的方式，支援国家和军队建设，表达对党和军队的特殊感情。”

三

中央关于西部开发战略一经公开，85岁高龄的王福昌格外高兴。王福昌感慨地说，虽然全国都解放了，都当家做主了，可是东西部经济发展和生活水平差距太大，应该开发西部，让西部人民群众一起过上幸福生活。中央开发西部的政策正是“把东部沿海地区的剩余经济发展能力，用以提高西部地区的经济和社会发展水平，巩固国防”。年迈的王福昌非常关注中央西部大开发战略的具体实施。当王福昌得知西部大开发战略就是要开荒，依托亚欧大陆桥、长江水道、西南出海通道等交通干线时，激动地说，我年事已高，失去左腿，支持西部大开发战略，自己唯一的贡献，就是捐款！

北京市西北郊，海淀区友谊路105号，这里就是人们所说的“北京航天城”。这一天，正是八一建军节。干休所在王福昌等老干部的建议下，组织老干部来到航天城参观。一个偌大的航天城，远离都市的喧嚣，一派充满着盎然生机的安宁。远处红墙绿水交相辉映，近处特色建筑错落有致。王福昌等老干部参观航天城航天飞行大厅、航天员体能训练馆等设施。王福昌亲眼看到了世界三大航天员中心之一的中国航天员科研训练中心所在地，亲眼看到了航天飞行控制中心。王福昌万分激动，落后就要挨打。只有国家强大，才有民族独立，人民幸福。一段时间内，王福昌经常在西北郊海淀区友谊路105号的附近转悠，不进航天城大院。王福昌深深内疚，不能为国家强盛作贡献。于是，就有一个心愿，捐款！王福昌为西部建设和航天事业，陆续捐款40多万元。

成功申办奥运会，是中国人民多年来的梦想。2001年7月13日傍晚，在莫斯科世界贸易中心召开了国际奥林匹克委员会第112次全体会议，决定2008年第29届夏季奥林匹克运动会的主办城市。举世瞩目，吸引了全世界的目光。晚上，王福昌和华夏亿万儿女一样，守候在电视机前，激动的心情，无以言表。经过两轮投票，国际奥委会决定最后结果。当国际奥委会主席萨马兰奇宣布：将2008年第29届夏季奥林匹克运动会的主办权授予中华人民共和国的首都——北京时，神州大地无比沸腾。聚集在电视机前的王福昌和世界亿万华夏儿女一样，为之欢呼，为之泪下。

王福昌一直关注北京奥运会场馆的建设。王福昌经常来到北京市朝阳区安定路甲3号，在鸟巢工地外围或观看或闻听工程建设。王福昌还经常来到北京市朝阳区天辰东路11号，在水立方工地外围或观看或闻听工程建设。看着奥运场馆在紧锣密鼓地建设着，内心很高兴，但也很着急，自己为奥运建设不能搬一块砖，运一片瓦，心里阵阵内疚。于是，只有一个办法，捐款！

年已百岁的王福昌愈发思念家乡。他深深懂得，自己之所以能够走上革命道路，坚定追求并实践着共产党人的理想信念，矢志不渝听党话、跟党走，在社会主义革命和建设中作出一名共产党人应有的贡献，非常重要的一个原因，是自幼年就受到家乡优秀文化的熏陶与滋养，是家乡人民正确的教育与引导。王福昌对家乡、对家乡人民怀有血浓于水的深厚感情。2015年春节过后，得知家乡遭受旱灾，王福昌赶忙拿出5万元钱汇给河南省太康县马头镇，委托镇政府购买灌溉机具和柴油，发放到农户手中，以解燃眉之急。又一次偶然的机会，王福昌从家乡亲戚口中听说马西小学校舍条件简陋，非常惦记，急忙向校方汇去5万元，委托学校领导用于改善学校条件。王福昌说："我年轻时读的就是师范，是师范学校培养了我。学校教育非常重要，能让一个人谱写美好人生。"

王福昌离休后一直在为国家、为社会、为群众捐款，那他的离休生活又是怎样的呢？

王福昌家里的"物龄"多以几十年计算。餐桌的桌面已经烂了，他用各种材料，诸如挂历纸、塑料布等覆盖上，就是不让换新的。儿子王社光没经他允许，悄悄买了张新桌子，最终还是被"请"出去了。衣服领子磨破了，就让家人翻个面，缝补好接着穿。一生最贵重的一套衣服，是20世纪70年代妻子在世时缝制的涤卡中山装，一穿就是40年，平时还舍不得穿。王福昌老人的饭菜极其简单，最常吃的是土豆、白菜，肉都很少吃。他笑着说："多食为毒，少食为养。皇上吃得好不好？有几个长寿的？"女儿王昕光说："为了让他吃点儿好的，都得隐蔽进行。比如偷偷把虾肉弄碎和到饭里。"王社光说："父亲觉得把钱花在吃穿上是一种浪费，工资只有捐出去他才舍得。"在"三下江南四保临江"的战役中，王福昌带领战士冒着零下四十摄氏度的严寒，在冰天雪地里隐蔽歼敌，造成左踝严重冻伤，后来不得不截去左下肢。按职级待遇，他可以使用舒适性更好的进口义肢，价值4万多元。但不管子女如何劝说，他就是不换，坚持使用4000多元的廉价义肢。廉价义肢笨重粗糙，经常把残端磨得感染出血，儿女们看在眼里，疼在心里。最终，儿女们只能瞒天过海，自费为父亲配了个舒适轻便的假肢，才解决了残肢感染的问题。

王福昌离休后一直在为国家、为社会、为群众捐款，那他为什么不把财产留给儿女呢？

"我不留金、不留银，只给儿女留精神！"王福昌如是说，这就是一位共产党人父亲的财产观。

近 20 年来，王福昌累计为灾区等地捐款 80 多万元。2000 年以后，已连续 8 次交纳特殊党费，累计 25.5 万元。

这些钱，父亲王福昌没有留给儿女。

父亲王福昌留给儿女的是——精神！

从根本上说，父亲王福昌留给儿女的精神，就是共产党人的革命精神。除了行为感召外，他极其重视思想教育。引导和培育儿女们爱党爱国、艰苦奋斗、无私奉献、廉洁奉公、爱岗敬业、助人为乐。儿女们常常说，他们是听着父亲讲的故事长大的。即使他们长大了，即使连他们也变老了，父亲依然讲故事。父亲的故事常讲常新，儿女常听常受益。儿女们对中国革命史，特别是抗日战争、解放战争、抗美援朝战争的历史，都耳熟能详。对父亲参加的百团大战、延安保卫战、四平攻坚战、三下江南四保临江等战役战斗，都铭记于心。儿女们在幼年就受到了父亲的良好教育，逐步确立了正确的世界观、人生观、价值观。儿女们在各自的岗位上表现突出。

王福昌对儿女要求非常严格。按规定，王福昌配有专车，但除了去医院看病，他很少使用。专车从不让子女使用。王福昌常教育家人说："我省些油，就能让部队的装备跑得更远些。"那些年，孙辈们逐个出生、长大，他们都从未坐过爷爷的车。有一年，漫天大雪，天寒地冻。刚刚读小学一年级的孙儿还有些咳嗽，儿女向父亲请求，能否破一次例，送孩子去学校，王福昌回绝了。知道父亲的执着，在无奈之下，儿子用自行车送孩子到学校。其实，王福昌看到咳嗽的孩子坐在自行车上走后，自己回到客厅，眼睛里含着泪水。晚上孩子回到家里，已是高烧 40℃。王福昌哭了。夜里，王福昌在卫生所陪着孩子输液。过后，王福昌认为自己没有做错，儿女们也理解，这种理解已经成为儿女的习惯与教育。王福昌说，个人不能贪图国家的丝毫便宜。再说，那些没有公家车的群众家庭怎么办，还不是靠自己想办法。

王福昌对孙辈的教育高度重视。同样给孙辈们讲中国革命史，特别是抗日战争、解放战争、抗美援朝战争。讲自己参加的百团大战、延安保卫战、四平攻坚战、三下江南四保临江等战役。孙儿们在幼年就受到了祖辈的良好教育，为确立正确的世界观、人生观、价值观，奠定了坚实基础。

王福昌步入高龄后，一直不忘参加革命为什么，革命成功做什么。参加革命，就是要建立新中国，让人民当家作主。王福昌看到国内外一些历史事件，深刻认识到，为了保证人民大众的当家作主，就是要培养革命接班人。他担心孙辈们不能像自己一样，走向正确的人生道路，经常和孙辈讲自己，23 岁时就已经坚信、拥护共产党的领导。自己从 1938 年 10 月入党那天开始，就铁了心一生听党话、跟党走。孙辈们还没到 23 岁，就要询问写入党申请书了没有，自己可是在 23 岁就加入党组织了。对孙辈们的入党申请书，他都要过目，看他们对党的认识，对入党的决心，还经常考问他们《党章》及有关党的知识。

王福昌多年来形成了自己的好家风、好家训、好家规。家风家训家规里的核心思想，就是“爱党爱国爱人民爱社会主义”。

令王福昌欣慰的是，孙辈们没有辜负他的殷切期望，个个表现出色，成绩优异。

王福昌看到孙辈们，仿佛看到了自己 23 岁时投身革命，并在当年入党、参军的情景。

王福昌已经确信无疑，自己人生的意义有后代在传承、在延续、在发扬光大。

组织对已过百岁的王福昌十分关心，经常看望慰问这位老党员。一次王福昌对组织深情地说：“如果我能活到建党 100 周年，我将把余下来的生活费全部捐献给党和人民。”之后不久，王福昌签订协议，去世后将自己的遗体捐献给祖国医学事业。

就是这样一位老党员、老干部，不忘初心，像岩石一样的朴素与坚韧，坚定而不懈地追求着、实践着共产党人的理想信念，百年精神、百年风采、百年考验、百年明证。就是这样一位世纪老人，以穷其百岁人生的优秀品格，证明了鲁迅先生倡导的中华民族的脊梁。

习近平总书记指出："'天地英雄气，千秋尚凛然。'一个有希望的民族不能没有英雄，一个有前途的国家不能没有先锋。包括抗战英雄在内的一切民族英雄，都是中华民族的脊梁，他们的事迹和精神都是激励我们前行的强大力量。"我们应该向王福昌致敬，向王福昌学习，为实现中华民族伟大复兴的中国梦而努力奋斗。

折翼天使挥舞夏日生命彩虹

——记无臂剪纸艺术家　夏虹

张瑞江

人物简介：

夏虹，女，1977年2月生，昌平区霍营街道龙锦东一区居民。她7岁时因车祸失去了双臂，以坚强的毅力和乐观向上的人生态度面对生活，用双脚学习、运动、创作，曾4次参加全省和全国残运会，获得3项冠军。她自学完成了初、高中课程，并成为广告设计专业的正式大学生，成了剪纸能手。她还经常参加公益活动，帮助别人。

一

小兴安岭南端西麓，黑龙江省中部，素有“中国黑陶之乡”美誉的绥棱县，有一个长山乡宝江村。就在1977年2月21日这个寒冷的冬日里，村子里诞生了一个名叫夏虹的女孩。这个名叫夏虹的女孩，在7岁那年的 5 月 15 日下午，和姥爷去镇上看运动会。广阔的绿茵场上洒满了和煦的阳光，运动健儿们展示出的信念与价值，智慧与坚韧，顽强与勇敢，拼搏与奉献，都深深吸引和感动着刚刚 7 岁的女孩夏虹，为夏虹正确的世界观、人生观、价值观的培育与形成奠定了基础。

就在这场精彩纷呈的运动会结束后，命运恶魔骤然降临在这个年幼脆弱的女孩身上。一辆运粮车残忍地从夏虹瘦小的身体上碾压过去。刹那间，马路上流着鲜血，空气凝结了，时间静止了，从运动会走过来的人们都惊呆了。昏迷的夏虹当即被送往医院抢救。夏虹的生命保住了，可是，这个幼小的女孩永远失去了双臂。

从此以后，夏虹的世界发生了天翻地覆的变化。无助、痛苦、哭泣、恐惧成为她生活的全部。她想到，这一生都要拖累父母和亲人。在痛苦迷茫的时候，她产生过自生自灭的念头。想在一个阳光明媚的清晨，悄悄地离开这个世界。

医疗小夏虹的伤残重要，但小夏虹的心理也不能忽视。从父母到学校老师，帮助小夏虹逐步建立起自信，找到自我。学会对情绪进行自我调控。

学校老师给小夏虹讲俄罗斯有个名叫保尔·柯察金的故事，夏虹幼小的心灵上就有了保尔的形象。她知道保尔·柯察金出生于贫困的乌克兰铁路工人家庭，早年丧父，十分贫苦。先是全身瘫痪，后又双目失明，肆虐的病魔把这个充满战斗激情的战士束缚在床榻上。保尔和夏虹一样也曾一度产生过自杀的念头，但他很快从低谷中走了出来。这个全身瘫痪、双目失明并且没有丝毫写作经验的人，开始了他充满英雄主义的事业——文学创作。夏虹敬佩保尔强忍肉体和精神上的巨大痛苦，先是用硬纸板做成框子写，后来是自己口述，请人代录。学校老师又给小夏虹讲张海迪的故事。小夏虹知道了张海迪 5 岁时因患脊髓血管瘤，高位截瘫。15 岁时随父母下放到聊城莘县一个美丽小村子。为了学习医学知识，克服了残疾带来的种种困难。夏虹非常敬佩张海迪，敬佩她没有惧怕艰苦的生活，而是以乐观向上的精神，奉献自己的青春。敬佩她发奋学习的精神，学完了小学、中学的全部课程，自学了大学英语、日语和德语以及世界语，1983年开始文学创作，经过不懈的努力。后来，夏虹读了张海迪写作的《生命的追问》《轮椅上的梦》等书籍。

夏虹身残志不残，失去了双臂，却有了正确的人生观和价值观，这早已成为夏虹生命的逻辑起点。

失去双臂的夏虹掌握不了平衡，连路都走不了。她像几个月的孩子一样，重新学走路。刚学会走路，看到同龄的伙伴们上学时，她对上学有了强烈的欲望。夏虹对爸妈提出了上学的愿望，可是一个失去双臂的孩子想要上学谈何容易。在父母的眼里夏虹是没有能力上学了，有一天她的父亲拿来笔和纸，在纸上写着"上学"两个字，说："这两个字念什么，如果你能用脚写下这两个字，我就让你上学。"这对于当时的夏虹来说简直是天方夜谭，用脚夹住笔试着写，终于写下了"上学"两个字，当时夏虹高兴地拿给妈妈看。夏虹凭着她坚强的意志，终于练会了用脚写字。为了完成女儿的心愿，夏虹的爸爸也多次找到学校的校长，夏虹终于能上学了。

夏虹第一次把所写的作业带到学校交给老师时，老师非常吃惊。他不敢相信，那是用脚写出来的每一个字。老师看了好久，说："真不敢想象，你会写字。"老师在所有的作业本上，都满意地打下了鲜红的100分！看到作业本上的100分，夏虹高兴得眼泪流了下来。那是她曾用泪水和汗水，写成的100分，也是她人生的第一个100分啊！

夏虹的父母都是农民，一直没有离开生于斯长于斯的穷山沟。没有文化的父母，也讲不出多少人生大道理。然而，默默无语的父母，就是用自身的淳朴、勤劳、善良，教育、引导女儿的人生。每天凌晨3点多钟，夏虹就要起床锻炼，有3个月她都没脱衣服睡觉。夏虹的辛苦没有白费，在第二届省残疾人运动会上，夏虹获得了 800 米、400 米和跳远的三项金牌。

从那以后，夏虹不再羞怯和自卑，她觉得，只要有恒心就一定会成功。在后来的两次全省残疾人运动会和一次全国的残疾人运动会上，她都获得了很好的名次。

夏虹读了 4 年半小学，由于种种原因，她辍学了。但她仍然没有放弃学习，她把字典和词典当成老师。有三年多的时间，夏虹一直在自学。1995 年，夏虹的第一首诗歌《红叶》在《绥化地区报》上发表了，虽然只有短短的 8 行，但对夏虹来说，却是一个极大的鼓舞。

二

世上每个人都是被上帝咬过一口的苹果。小夏虹失去双臂后，老师就经常给她给讲这样一个源自西方的故事。一个残疾小孩问他的妈妈，“听说每个人都是上帝眼中可爱的苹果，可是上帝让我残疾，我不是上帝的苹果吗?”妈妈说：“不，孩子，你这个苹果太可爱了，所以上帝忍不住咬了一口。”夏虹渐渐懂得，人都有缺陷，有的人缺陷比较大，是因为上帝特别喜欢他的芬芳。

或许由于失去了双臂，夏虹特别关注非健全人成功的典范，知道了世界文化史上著名的三大怪杰：文学家弥尔顿是视障者，音乐家贝多芬是听障者，小提琴演奏家帕格尼尼是语障者。夏虹感到，如果用“上帝咬苹果”的理论来推理，那么，他们也都是由于上帝特别喜爱，狠狠地咬了一大口的缘故。小提琴演奏家帕格尼尼人生经历，一直启迪激励着夏虹。帕格尼尼 4 岁时出麻疹险些丧命，7 岁时患肺炎后几近夭折，46 岁时牙齿全部掉光，47 岁时视力急剧下降几乎失明，50 岁时又丧失了语言能力，不能再说话了。上帝的这一口咬得实在太重了，可是也造就了一个天才的小提琴家。帕格尼尼身残志不残的拼搏精神，深深感动和激励着夏虹。帕格尼尼 3 岁学琴，8 岁时已有名气。12 岁时举办首次音乐会，即大获成功。之后，他的琴声几乎遍及世界，拥有无数崇拜者，他在病痛的搏斗中，用独特的指法和充满魔力的旋律征服了整个世界。上帝对于他，最公平的就是赐给了他成功。

失去双臂后，夏虹坚定正确的人生信念，树立崇高的人生目标。坦然正视现实，放飞人生梦想。只读了 4 年小学的夏虹，从何处扬帆启航呢？夏虹把学习文化，储备知识，作为自己人生旅途的发轫点。

字典和词典，是守候在夏虹身边永不下课的老师。1995 年，夏虹的处女作诗歌《红叶》在《绥化地区报》上发表。“送你一片红叶/也许你不认为它完美/但它经历了暴风雨的袭击/所以人们才为你陶醉”。仅有 8 行的一首诗歌，给夏虹带来极大欣慰、信心和鼓舞。用了 7 年的时间靠双脚自学完成了初中、高中的全部课程。

进入大学校园，是夏虹自学完中学课程后的新梦想。

那是在 1999 年，夏虹在省第三届残运会上取得了金牌。夏虹满脸喜悦从领奖台走下来后，身边的人们都在赞美她，赞美她的顽强，赞美她的技能。这时她说，自己不仅仅在体育赛场上展现顽强和技能，还要在艺术上取得成就。夏虹朝着佳木斯的一个队友说：“我特别渴望到你们那里的三江美院上学！”

夏虹果真就报考了三江美院。

面对失去双臂的特殊学生，王英海院长开始犹豫了。看到夏虹的执着与天分，决定在录取前要进行一次附加的“特殊课程”考试，王院长亲自做主考官。在老师们面前摆了六只水杯，让夏虹把水壶的水倒满六只水杯。夏虹用单脚拎起水壶，稳妥、利落、精准地往水杯里倒水。很快，六只水杯都让夏虹倒满了水。在场的王院长和老师们非常赞赏。六只水杯，杯杯都是满满当当，滴水不溢。这足以证明了，夏虹首先生活自理没有问题。接下来，又进一步了解到夏虹在美术方面的天分与追求。

深秋的艳阳高照的日子，夏虹接到了黑龙江省三江美术学院的录取通知书，正式成为该院广告设计专业的一名大学生。

夏虹如愿以偿了，实现了人生旅途上一个重要目标。

夏虹沉浸在无限幸福之中。然而，高额的学费使得夏虹陷入了困境。就在夏虹无奈之时，大庆一个叫陈景波的伯伯主动出资 2.5 万元，帮助她解决了困难。夏虹与陈景波相识是在 1995 年，当陈景波在报上见到“无臂夏虹”用脚写字的照片时很受感动，抹去泪水，重看那幅照片时，被一种别样的心情驱使，当即拿起笔，给夏虹写了一封信，大意是拼搏才是人生，知识改变命运，再就是风雨过后见彩虹的鼓励语言。陈伯伯满腔热忱地帮助她，是夏虹的“人生导师”。

位于松花江、黑龙江、乌苏里江汇流而成的三江平原腹地的佳木斯，江水黑黄两色，界线分明，汹涌澎湃，往东流数十里而不混，蔚为奇观。黑龙江三江美术学院，就坐落在佳木斯市西郊。在一个午后，学院迎来了一位特别的新生叫夏虹。

三江美院招进来了一位维纳斯，顿时在学院成为美传。入学后，夏虹担任了校报编辑、电台主播、节目主持。

一个月以后，夏虹完成了她的第一幅学院作品，受到了师生们的赞誉。看着自己在入学后的作品，夏虹真切地体会到，只要用一百倍的信心和努力去做，没有克服不了的困难。有同学问夏虹，吃那么多苦干吗？夏虹说，身体残疾是我的不幸，我不想没有知识和文化，做双重的残疾。

2002 年 10 月，夏虹的两幅绘画作品被第六届“中华大地之光”组委会评选为优秀作品，她本人被授予“中华大地之光优秀主人公”荣誉称号，作品发表在“中华大地之光”会刊的显著位置，并被特邀参加在北京人民大会堂的颁奖典礼，期间受到党和国家领导人的亲切接见，并合影留念。2003 年 6 月，夏虹圆满地完成了广告设计专业的所有课程，以优异的成绩从三江美术学院毕业。

三江美术学院毕业前，夏虹已经开始考虑了，要融入社会，参加工作，在实践中成就人生。2003 年夏天，恰好夏虹毕业前夕，中央电视台《东方时空》为夏虹做节目，讲述了夏虹的故事，媒体传播后，有来自北京、上海等地的几家公司想让夏虹过去工作。上海的一家小型服装厂的夫妻找到了夏虹，想请她到他们那里去设计旗袍的文样图案。后来才知道，当时这对夫妻哄骗了她。2003 年 7 月，夏虹来到上海，开始了她人生的工作旅程。上海的气候使得身体不健全的夏虹很不适应，特别是天天面对老板的刁钻与刻薄，夏虹工作得很不开心。无奈之下她求助于残联，最后这对夫妻，碍于舆论压力才给她买了回家的车票，并且在她工作 28 天的情况下，支付了 250 元带有侮辱性的薪水。同年 8 月，夏虹返回了哈尔滨。同年 10 月，哈尔滨又有一家装饰公司主动找到了夏虹。这家装饰公司的老板对夏虹很好，尽管夏虹所学的专业并不是室内设计，但是他仍让夏虹在公司先学习学习。在这里工作了一段时间后，夏虹总觉得这跟自己学的专业不相符，无法体现自身的价值，而且也会给公司增添负担。2004 年 1 月，夏虹在下工地的时候，脚被冻伤了，而且十分严重，夏虹第二次辞去了工作。经过两个多月的休养，3 月，夏虹再次回到了哈尔滨，这次她没有坐在那里等别人来找她，而是毅然走进了人才市场。夏虹找工作时，正好电信在招话务员，他们听到夏虹的声音，都觉得她非常适合干话务员。但是因为跟自己所学的专业无关，夏虹拒绝了这份工作。后来，夏虹找到一家制卡公司，负责设计卡上的图案。这家公司虽然已经有三个设计师，但是都不是专业学美术的。夏虹认为，这回自己可以有一番作为了。但是老板却不让她设计图案，而是让她负责接待。夏虹和老板谈了很多次，要做设计工作。可是老板说，夏虹，以你这种情况去谈业务，会得到很多人同情，我们公司能得到更大的回报，这比你在这儿做设计赚得多多了呀。夏虹再次失望了，又一次辞去了工作。

夏虹因为身体的原因工作一直不是很顺利。有了这3份工作的经历后，夏虹深有体会地说："一个残疾人想要和正常人一样融入社会真是太难了。有些用人单位聘请我，根本不是看中我的才能，而是想要利用我身体的残疾来博得同情，创造价值。"

夏虹来到了北京的昌平，她租了一间40平方米的农民自建房，就在这较为艰苦的生活环境里，开始了新的人生。

后来，夏虹满怀憧憬地说，她想自己开一个广告平面设计公司，这样能够充分运用她所学的知识。用了一个多月时间，夏虹对开办公司的事宜进行了多方咨询。然而，资金成了夏虹最大的障碍。开公司的注册资金对于夏虹而言，简直是天文数字。夏虹说："我现在还是要从头干起。下一步我想先找一家广告公司去工作，积累一些这方面的工作经验，以后如果条件允许，我一定要开一家自己的广告设计公司。"

就在夏虹的事业有了起色时，爱情也悄悄地走近了她。

中央电视台《家庭》栏目对夏虹做了一次专访，专访播出后，在社会上引起了反响。在北京做编辑工作、大学毕业、文艺帅气的杜海龙，在电视上看到了夏虹的事迹，随后在网上发布寻找无臂女的信息。夏虹的朋友看到以后告诉了夏虹，两人取得了联系，随着恋情的不断发展，两人坚持着自己的方向。当初，杜海龙把夏虹带到母亲面前，杜母面对没有胳膊的夏虹，一时放声大哭。夏虹已经两次恋爱，两次都遭到男方家人的反对。当杜海龙母亲看见夏虹，用双脚做饭、打电脑，特别是能剪出美丽的纸花后，内心充满敬佩。后来，杜海龙的母亲接纳了夏虹做儿媳。

夏虹和杜海龙终于走进了婚礼殿堂，这是一个特殊的婚礼仪式，由北京电视台生活频道主办、《生活面对面》栏目承办深受大众喜爱的《家有能人》节目，邀请到了演员艺术家李琦、BTV主持人高燕、著名歌手常宽担任主持。夏虹继初赛之后，又站在了《家有能人》的舞台上。节目组帮夏虹穿起了美丽的白纱，夏虹的丈夫戴着她给自己织的黑色围巾，在所有人的见证下举行了感人的婚礼。接着，夏虹在决赛中表演了用双脚织围巾、绣十字绣等技艺。夏虹一边绣十字绣一边回忆和丈夫经历过的点点滴滴，包括所有的苦难和幸福，一时泪流满面，丈夫赶忙蹲下一遍遍擦去她的泪。李琦很早就把灯灭了，他说，“闺女，不是你表演得不好，是我看着心疼啊！不知道怎么回事，我年轻时异常彪悍。过了50岁，心变得特别脆弱，也特别感性了。你们真挺不容易的，一切都是因为爱情，希望你们继续幸福下去。”

杜海龙娶了个维纳斯做新娘。婚后，夏虹和杜海龙非常幸福。杜海龙说，婚姻不是1+1=2，而是0.5+0.5=1。没有百分之百的另一半，只有百分之五十的两个人，这样加起来才会是百分之百！家务，夏虹和杜海龙抢着做，都不愿意让对方多做家务。久了，生命中的每一滴感动就这样延绵下来，构建了一个和谐的家庭。

有一天，夏虹和爱人杜海龙走在街头，看到一对对情侣牵着手沐浴在爱河里，夏虹就问丈夫杜海龙：“你一辈子牵不到你爱人的手，不后悔吗?”杜海龙说：“别人牵的是手，我牵的是你的心!”杜海龙的这句话深深地感动了夏虹。有人问杜海龙：“这些年走过，是怎样的滋味?”杜海龙说：“我一直认为，最穷不过要饭，不死终会出头。”有人问杜海龙：“是什么让你选择她?”杜海龙说：“一般人都会想到，娶一个残疾人日子可能会难一些，生活上、物质上毕竟承担的东西要多。我也想过，但这都不是问题，问题是我喜欢她，我内心接受这些困难，我很平静。”有人问杜海龙：“她使你快乐?”杜海龙说：“她给我带来的快乐，其实就是生活中的点滴小事，我们有基本一致的观念、想法或者是行为方式，这些让我们的生活很默契。”体验爱情，体验幸福，体验温暖，体味那些被忽略的日常生命体验……说到底，生活是由这些微小的、转瞬即逝的东西组成的。杜海龙一路牵着夏虹的心，两人深深相爱。夏虹、杜海龙的爱情观，远远超远了纯粹的物质追求。

夏虹酷爱文学，丈夫杜海龙鼓励并帮助她和文学朋友建立文学网站。2009 年，文学网站建成后，夏虹就有了宽广便利的文学世界，足不出户就可以和文学朋友交流文学。其实在网站与文学朋友交流时，交流的不仅仅是文学，还交流着正确的世界观、人生观、价值观。这时，文学朋友向夏虹推荐了在全国风靡的内地女歌手周笔畅的专辑《时间》。夏虹对专辑里的《上帝咬过的苹果》听得实在着迷：“其实每个人都是/那颗被上帝/咬过一口的苹果……因为有缺口才会/体验得更多……怎能让/梦想在现实跌落/勇敢大步大步向前走……面向太阳/就能找到方向……谁说没翅膀/就不能飞翔……天大地大梦想最大/哪里会怕……不管埃及南极/勇气没有时差……谁说没翅膀/就不能飞翔……用脚步来丈量/这世界多大……天空多辽阔/让我来做现场直播……何时何地做自己/最伟大……”有时听着激动时，夏虹自己也在唱，常唱常新，不断有着新感悟、新激励。

2011 年，夏虹和爱人共同创办了北京弘义文轩文化传播有限公司，公司位于北京市昌平区城北街道东环路南端西侧，主要提供组织文化艺术交流活动，文艺创作，图文设计制作，企业形象策划，企业管理咨询，会议服务，制作广告，承办展览展示，技术推广服务，销售文化用品、电子产品、工艺美术品。公司成立伊始，工作条件非常艰苦。办公室里一共有 4 台电脑，甚至连饮水机都没有。除了夏虹之外，还有一名聋哑人和一名“袖珍小帅哥”。夏虹说，她经常和她的伙伴开玩笑。夏虹和聋哑伙伴的交流方式，就是用脚在纸上写字，递给旁边的聋哑伙伴。夏虹决定把收益的百分之五，捐献给贫困学生、孤寡老人、残疾人朋友等社会上的弱势群体，并义卖剪纸作品筹集善款。

2015年3月，夏虹注册成立了自己的公益组织：北京夏虹公益促进中心，夏虹自己担任中心理事长。公益组织注册资金10万元，大部分都是来自好心人的捐款。“我如果做不好公益，就太对不起大家了。”2017年1月7日，“北京夏虹公益促进中心”正式揭牌。回顾公益促进中心成立以来取得的成绩，夏虹难掩激动的泪水。她说：“这些日子里，我们有欢笑、有泪水，有无奈、有坚持。做公益说起来简单，做起来却很难。我们所有的成绩都来自政府的支持、来自社会的支持、来自群众的支持。没有大家的支持，我们工作是难以做好的！”

理事长夏虹，要把“公益促进中心”打造成“公益航母”，这艘“公益航母”承载着夏虹的公益事业、人生梦想，扬帆起航，稳健致远。

三

绿色琉璃瓦，苍老古树木。黄、红、灰、白四种颜色象征、对比、过渡，更增添了北京地坛公园的神秘与神圣。2012年5月19日，在地坛公园举行了北京第二十二次“全国助残日”主题活动。夏虹在公园方泽坛展示十字绣、剪纸表演，受到了国家领导、中国残联领导、北京市领导及张海迪的一致赞美。夏虹多年来有一个渴望，就是渴望能有一天亲眼见到心中偶像张海迪，这一天终于来到了，就在地坛公园方泽坛，夏虹和张海迪面对面，心情无比激动，这就是自己心中的榜样。夏虹想到了读过的《轮椅上的梦》，看到了面前张海迪的双手，就是这双手，自学针灸医术、无线电修理技术，为乡亲们无偿服务；就是这双手，没有机会走进校园学习却发奋学习，学完了小学、中学的全部课程，自学了大学多门外语，并攻读了大学和硕士研究生的课程。写作多部书籍，翻译多部名著；就是这双手，一直牵引和激励着夏虹，顽强拼搏，砥砺前行，书写美好人生。

彩虹就在风雨之后，经过多年的艰苦奋斗，无臂天使已羽翼丰满。夏虹具备了宽阔的视野、敏感的触角、丰富的经验、良好的平台，已经笃定决心，在更大格局、更宽领域，为社会、为人民服务，实现自己的人生价值。

过年了，乡亲们在玻璃上贴"窗花"，就盛开在了夏虹的心田上。就这样，夏虹爱上了剪纸。起源于汉朝的中国剪纸艺术，犹如一株常春藤，古老而长青，它的普及性、实用性、审美性，成了符合民众心理需要的象征意义。2006 年 5 月 20 日，剪纸艺术经国务院批准被列入《第一批国家级非物质文化遗产名录》。从内心里喜欢剪纸就罢了，可是，失去了双臂的夏虹偏偏要学习剪纸，谈何容易？她找来教学视频，反复用脚练习，一层层剥落的老茧见证了她不屈的努力和坚持。功夫不负有心人，夏虹终于可以熟练地剪出 100 多种自创的剪纸图案。2010 年 5 月，上海世博会生命阳光大厅，夏虹精湛的剪纸和针织才艺引来无数中外友人的喝彩。此外，夏虹还在一系列残疾人职业技能大赛中获得大奖。

随着知名度的提升，夏虹的经历被越来越多的人所熟知，夏虹也成了剪纸圈公认的巧匠。北京第六届残疾人职业技能大赛在市残疾人体训职培中心展开，夏虹获得剪纸组第一名的好成绩。剪纸组比赛现场，有一张特殊的考桌，由两张桌子组成。7 岁就在交通事故中失去双臂的夏虹坐在桌上参赛，比别人都高出一大截。只见夏虹熟练地用脚趾拉开工具袋，取出剪刀和标尺。一番比画后，她用脚将红纸反复对折，叠成一个小方块，用左脚夹住，再用右脚夹起剪刀，开始剪纸。如果不是亲眼所见，很难想象夏虹的脚趾如此灵活，竟能像手一样自如地控制剪刀，大脚趾与另外四个脚趾用力一撑，剪刀就打开了，大脚趾再向下一扭，剪刀就笔直地剪下去。只用了半个多小时，夏虹就完成了作品：4 颗爱心紧紧围着一棵小苗，最外面还有 8 只和平鸽簇拥。夏虹给作品起名

“同一个世界，同一个爱”。

在阳光儿童康复中心，夏虹经常去那里教孩子们剪纸。“孩子们都非常可爱，我们应该在他们小的时候就引导他们积极地面对生活。”夏虹说，“每周我还会去一些养老院、福利院去陪伴那些老人和孩子们。”夏虹担任了17所“温馨家园”的特教老师，为学员免费教授剪纸、设计、色彩等课程。从2011年起，夏虹开始担任北京多家“温馨家园”的剪纸志愿老师。从最开始昌平地区的温馨家园讲课发展到去朝阳区、东城区温馨家园讲课，夏虹的学生越来越多。学员们属于智力障碍者，学起来比较慢，夏虹总是不厌其烦地反复指导，直到学员剪出合格的图案为止。学员们不仅学习了夏虹的剪纸技能，还被她乐观向上的精神所感染，夏虹也成为温馨家园最受欢迎的老师。这些年，夏虹作为志愿剪纸老师为社区的老年人、小学生、国际友人等教授剪纸课程。如今已经培训了1000多名剪纸学员，让更多人学习、了解中国的非物质文化遗产——剪纸。

北京地坛公园洋溢着浓浓春意。2012年5月，第十届北京国际图书节在这里举行。本届图书节以“精彩阅读，书香北京”为主题，设置了13个主题展、8个独具特色精彩纷呈的主题日活动、1个以北京精神为主题的活动区。在公益助残项目展示上，夏虹十字绣、剪纸的精彩表演，赢得了法国、捷克、希腊、意大利、波兰、荷兰、新西兰7个国家的大使的高度赞扬，向国外朋友传播了中国传统艺术文化。

金黄的2013年秋季，夏虹参加了“爱心微行动”志愿服务小组。几年间，夏红和爱人免费为30多名聋人、肢残朋友培训平面设计、图书装帧课程，让更多的残障朋友实现了自食其力的梦想。2013年5月19日，夏虹来到北京宏远启智孤独症康复中心。在形象大使、善基金公益歌手、民间小天后朱丽婷演唱完《妈妈的眼睛》后，夏红现场为大家表演了剪纸艺术，顿时震撼了全场。2013—2014年，夏虹一直为温馨家园的残障学员免费培训钻石画技能，让残障朋友学习一技之长。北京天云聋儿培训中心特聘夏虹担任公益剪纸教师，2014 年 5 月 4 日，应邀给听障儿童上剪纸课。在一次活动中认识了一个从河南来北京看病的 5 岁小患者蔡梦伟。蔡梦伟患的是一种罕见的先天性心脏病，家庭十分苦难，母亲在很小的时候就离开了他和爸爸，全家收入只靠父亲打零工维持。此时正是小梦伟最佳的手术年龄，但昂贵的手术费用让全家人一筹莫展。夏虹和朋友得知蔡梦伟可怜的身世后，决定拿出自己的剪纸作品进行义卖，所得收入全部捐献给蔡梦伟。在义卖活动现场，许多爱心人士收藏了夏虹的剪纸，同时也奉献了自己的爱心。在帮助蔡梦伟之后，夏虹还多次将自己的剪纸作品作为义卖品参加慈善活动，所得善款捐献给有需要的人。

微风和煦的 2013 年春天，夏虹正式成为北京市慈善义工协会的义工。做义工很辛苦，刚开始夏虹主要参加文明出行志愿服务活动，每个周六日都要乘坐公交车赶到西单路口宣传文明出行，对不文明的闯红灯行为予以劝阻。因为自己正是车祸的受害者，文明出行对每个人来说都是非常重要的。夏虹的现身说法，给了许多人警示教育。2013 年 6 月，夏虹参加了文明出行我能行暨“公益街”系列活动。在倡导文明出行的时候，有些对周围环境不熟悉的路人还会借机问路。初始，夏虹对周围环境不是很熟悉，因此她特别找时间去熟悉周围的环境。夏天的天气很热，在路口一站就是几小时，然后还要坐很远的公交车赶回昌平的家中，但她却每次都兴致勃勃，她喜欢这份责任。2015—2016 年，夏虹公益联合北京军人军嫂爱心 365 志愿服务队，向西部温暖计划累计募集捐赠衣物、图书 30000 多件。2016 年 9 月 9 日，北京夏虹公益促进中心携手北京石油实验小学开展“一带一路·爱心共筑”公益活动，北京石油学院附属实验小学和夏虹公益开展义卖活动，还向学校捐赠了价值 26000 多元的教学及文体用品，并向困难家庭学生捐赠了学习用品。

2015年春，夏虹被北京慈善义工协会评为“最美慈善义工十大榜样人物”之一。

除了参加文明宣传活动，夏虹还经常去郊区偏远的养老院看望老人，为他们送去礼物。2014年重阳节，夏虹为养老院的老人剪“寿”字送祝福。有的老人非常感慨地说，千手观音菩萨的千手是用来保护众生的，而失去双臂的夏虹也是一位千手观音，给老人们带来了幸福。老人们评价夏虹是一位有着传奇经历的女性。失去双臂的夏虹凭着永不放弃、自强自立的精神，为自己插上了一双“隐形的翅膀”。

2014年9月27日，夏虹和“希望之星”的朋友们共同到顺义区一家福利院看望那里的孩子。当车开到离福利院不远的地方，突然被侧面飞驰而来的一辆商务车撞上。夏虹乘坐的车侧翻到水沟里，其他伙伴可以用手支撑住身体，但夏虹没有双手，额头重重地撞在车体上，当场昏了过去，鲜血染透了衣物，醒来的时候已经躺在顺义区人民医院的病床上。医生给夏虹的额头做了缝针手术，5针的瘢痕像毛毛虫一样永远地印在了夏虹的额头上。出院后的第二天，夏虹就代表北京市残联参加了全市系统“最美北京人”宣讲活动。领导担心她的身体状况，但她依然坚持站在宣讲的舞台上，出色地完成了自己的宣讲，最终北京市残联获得了团体第一名。夏虹的故事激励过很多人，她在全国大中小学、企业、部队等做过300多场励志演讲，用自强不息的精神传递社会正能量。

秋高气爽的2012年9月，当夏虹踏上了中国香港的土地时，就感受到了浓浓的情义。此行是夏虹随中国残疾人联合会领导，参加在香港举办的文化交流活动。来自海峡两岸暨香港、澳门的中华儿女欢聚一堂，进行着中华民族优秀文化的交流。凝聚华夏儿女的是血缘和文化，华夏儿女的身体上都是流淌着炎黄血脉，华夏儿女的灵魂里都贮藏着中华民族的优秀文化，这是华夏儿女血浓于水，紧密团结一家亲，冲不散打不乱的根本所在。交流会上，夏虹表演的无臂剪纸艺术，受到了参加活动的两岸四地中国人的高度赞美。夏虹彰显了华夏儿女身残志坚、坚韧不拔、昂扬向上、顽强拼搏的精神和意志。夏虹说："我仅仅是中国8600万名残疾人的代表之一。"

2010年11月13日，夏虹和爱人再次去了协和医院，看望在那里治病的刘力红，带去了给刘力红妈妈买的棉鞋和几件厚衣服。刘力红的故事牵动着很多关心他的朋友。自从他和母亲来到北京以后，他们一直电话联系。第一次去医院看望刘力红回来以后，夏虹的心情久久不能平静。他们在博客上和一些爱心群里转发了关于刘力红的报道。一些大学生和夏虹的"博友"湘牛、北路居士、纳兰天歌、伊凡可儿，看了报道都相继去医院看望了刘力红母子，并给他们送去一份爱心捐款和冬日的温暖。

来到医院，夏虹看见刘力红已经住进了医院病房，精神看上去比上次好一些。但是他的双脚肿胀得非常厉害，已经是紫青色。他告诉夏虹由于手术费用还不够，虽然住进了病房，但是什么时候手术还没有确定。夏虹和爱人离开医院以后，一路上虽然有一些寒冷，但是脑海中一直浮现着刘力红的面孔。相信有了爱的暖流，冬天不会寒冷。夏虹决心继续帮助刘力红，在爱心的传递下，使他能早日手术成功，实现行走的梦想。

夏虹特别关注残疾人的创业问题。她说，残疾人虽然身体有缺陷，但很多人心灵手巧，他们制作的产品没有销售的渠道。她希望开展一系列的义卖，与一些网络平台合作，让残疾人实现自食其力的个人价值。夏虹还特别关注青少年的心理健康。夏虹给中小学生讲述自己的自学经历，激励他们认识自己的潜能。她给大学生讲自己毕业之后的迷茫，勉励大学生不要轻易放弃。夏虹这样评价自己的励志演讲："用生命感动生命，让爱无限传递。"

2008年5月12日14时28分04秒，四川汶川、北川，8级强震猝然袭来，大地颤抖，山河移位，满目疮痍，生离死别……西南方，国有殇！2013 年 4 月 21 日，夏虹率领爱心团队成员，一起到鸟巢参加由著名歌手韩红筹备的雅安救援募捐行动“用爱心传递爱”募捐活动，把爱心传递给四川雅安的人们！夏虹和爱心团队成员，将各自的爱心捐赠给了灾区的人们。希望灾区的人们早日走出困境！祈福雅安！加油雅安！

北京后海北沿 46 号，是宋庆龄先生的故居，这里既保留着王府花园的布局和风格，又融入了西方别墅元素，具有中西合璧园林的特点。2017 年 9 月 27 日，“小手拉大手——说出我的榜样故事”活动启动仪式就在这里举行。在庄严肃穆的宋庆龄汉白玉雕像前，夏虹现场分享了她不平凡的人生经历。自幼因意外失去双臂的她，克服了重重困难，凭借着对人生梦想的追求和不懈努力，在绘画、剪纸、体育、文学等方面取得了优异成绩，成立“北京夏虹公益促进中心”积极开展公益事业，荣获 2016 年“北京市三八红旗手”“北京市五四青年奖章”等荣誉。演讲结束后，夏虹为大家展示了如何使用双脚剪出一幅精美的剪纸作品，赢得了现场观众热烈的掌声。

夏虹的励志故事，鼓舞了不少在逆境之中迷茫的人。一个受到触动的年轻人，对夏虹说：“你没有双手都可以做到，以后我要比你强！”2016 年，夏虹来到河南洛阳作报告，引起了当地媒体的关注。民间剪纸艺术家武小环听说夏虹来洛阳了，早早地就赶到会场等候。她说，她早就看到过夏虹的事迹，多年来她一直想见一见这位能用脚创作剪纸的姑娘。来自三门峡市渑池县张沟村的赵伟芳是一名双腿残疾的残疾人。见到夏虹后，赵伟芳十分激动。1995 年，她在一本杂志上看到夏虹的事迹后，便一直与夏虹保持书信和电话联系。这次，她借活动的机会终于见到了自己的榜样。赵伟芳说：“夏虹是我的人生榜样，我一直梦想着和夏虹见面。”夏虹多年的鼓励让她走出了绝望，学会了手工艺制作，走上了自食其力的创业路。在洛阳师范学院，夏虹受邀为当地大学生做了一场励志演讲，并受聘成为该校学前教育学院的剪纸课程特聘教师。该校大二学生安然说："夏虹老师的乐观和坚强让我非常敬佩，夏虹老师失去了双臂还要参与公益，我们拥有完好的双手，更应该热心帮助他人。"

夏虹的事业成就越来越大，而婚后的家庭生活也无比幸福。可是，年幼的儿子有时候问夏虹，可不可以抱抱他，她就告诉儿子，妈妈给你讲过因为小时候发生意外，出了车祸，失去了胳膊，所以现在就没有办法抱你了。这时候儿子就摊开妈妈的衣服袖子后，紧紧地抱着妈妈。夏虹常常含着泪水讲，她这一生最大的遗憾，就是不能给儿子一个拥抱。然而，她会用更多的爱弥补儿子。夏虹思想十分明确，给儿子最大的爱，就是引导儿子树立正确的人生观和价值观，做一个有利于社会、有利于人民的人。夏虹对儿子要求非常严格。儿子杜可夫从 5 岁开始，就和妈妈一起做志愿者，参加公益活动。在助残和助小的活动中，尽力去帮助需要帮助的人。从小学一年级开始，每年都被学校评为学雷锋标兵和志愿者之星。儿子渐渐长大，每一次见到儿子取得成绩，夏虹就格外高兴。同时，还给予表扬和激励。

夏虹和爱人加入了"麦田计划""北京慈善义工协会"等知名的民间公益组织，结识了更多有爱心的人士，与他们一道为贫困学生、孤寡老人、残疾朋友献爱心，做公益。她还和爱人购置了一批学生课外读物，经"麦田计划"的公益人员，转赠给河北唐县的一家农村小学。

2011 年 12 月 8 日，在国家会议中心三层观光区，夏虹和北京市的残疾人朋友一起参加国际残奥委会 2011 年全会。残疾人艺术展示环节中，夏虹表演了剪纸艺术，受到了所有人员的称赞。

夏虹参加了第三届(2018)爱心传递奖评选，获得了优秀奖。夏虹在参选爱心传递奖过程中，也报名参选了第 13 届(2018)港澳台慈善基金会爱心奖。港澳台慈善基金会爱心奖，由港澳台慈善基金会创会主席林添茂先生于2006年倡导设立，旨在传扬爱心，鼓励善行。在接受林添茂主席率领的爱心奖委员会考察组的采访中，夏虹介绍了自己的经历，并谈及了自己将来的愿景。夏虹希望今后能带动更多残障人掌握技能，自食其力，能和中国港澳台地区的公益楷模开展互动交流，互相学习，取长补短。夏虹还希望通过自己的演说，让爱心照亮华人世界而尽自己的一分力量。夏虹的精神和才艺赢得了林添茂主席等爱心奖委员会考察组成员们的赞扬。

2018年3月3日上午，北京夏虹公益促进中心的志愿者们，前往位于海淀区的空军指挥学院，参与了由社区雷锋工作站主办的学雷锋便民公益活动，并与各公益团体、空军某部官兵一起为社区居民提供便民服务。活动现场，志愿者们为广大社区居民提供各种免费服务，理发、磨刀、修表，以及提供健康咨询等服务。志愿者们希望用实际行动传递雷锋精神，让雷锋精神感染每个人，人人都做传递正能量的“雷锋”。为进一步弘扬雷锋精神，构建和谐社区，2018年3月5日上午，北京夏虹公益促进中心联合龙锦苑东一区在社区居委会门前开展了学雷锋为民服务活动，活动现场为居民提供义务服务。夏虹公益团队的老师、心盟志愿者向社区居民现场教授酵素的制作方法，并赠送制作好的酵素产品。社区居民对这种健康环保、制作简单的神奇工艺产生了极大的兴趣，纷纷过来认真学习。居委会的工作人员和志愿者为居民提供了测血压、测视力等便民医疗服务，以及磨刀、社保、交通安全知识和法律咨询等服务。志愿者们热情、耐心、周到的服务受到了群众的一致好评。

如果问夏虹坎坷而艰难的人生中，令她最难忘最激动最幸福的是什么？夏虹说，有生以来令她最难忘最激动最幸福的是：加入中国共产党！那是在一个天气晴朗、阳光明媚的上午，夏虹站在鲜红的党旗前，向党旗宣誓。可是，这时的夏虹哭了。自己没有右臂，无法举起右拳。夏虹在影视上见过，失去右臂的伤残军人，可以举起左手敬礼、举起左拳宣誓。可是，现在的夏虹是左臂和右臂都没有。站在鲜红党旗前的夏红，高高昂起头颅，以头颅代替拳头，头颅更代表灵魂、理想、信念、决心。夏虹高昂着头颅，向党旗庄严宣誓："我志愿加入中国共产党，拥护党的纲领，遵守党的章程，履行党员义务，执行党的决定，严守党的纪律，保守党的秘密，对党忠诚，积极工作，为共产主义奋斗终身，随时准备为党和人民牺牲一切，永不叛党！宣誓人：夏虹。"夏虹字字铿锵，句句坚定。此时此刻的夏虹激动万分、心潮澎湃。把自己的一切交给组织，自己放心；组织交给自己的任务，让组织放心。夏虹在灵魂深处告诫自己：一定践行自己在党旗面前的承诺。

其实，夏虹在入党前，就早已以党员的标准来严格要求自己了。

失去双臂的夏虹，在更高层次、更宽领域，实现了自己的人生梦想，为社会为人民作出了积极贡献，在社会上引起了强烈的反响。中央电视台《东方时空》《朝闻天下》《向幸福出发》等节目，以及《鲁豫有约》《北京您早》《北京晚报》《大王小王》等其他省台的节目对她进行了宣传。2015 年获得了"北京榜样"称号，2016 年获得了"全国优秀青年志愿者""北京市三八红旗手""北京市自强模范""北京五四青年奖章"等荣誉。

不忘初心，砥砺前行。夏虹深刻地理解和把握习近平总书记在党的十九大报告中指出的"深入实施公民道德建设工程，推进社会公德、职业道德、家庭美德、个人品德建设，激励人们向上向善、孝老爱亲，忠于祖国、忠于人民"。夏虹已有更新的规划和目标，以"公益促进中心"为抓手，打造中华民族优秀传统文化和社会主义核心价值观相融合的"公益航母"，让这艘"公益航母"扬帆起航，结出精神文明的累累硕果。

人民的好警察

——记平凡英雄　高宝来

紫　金

人物简介：

高宝来，男，1956年9月生，市公安局海淀分局恩济庄派出所民警。五年来，每逢上学日的早晨6点半，他会准时在海淀实验小学门前疏导车辆，维护秩序，护送孩子安全入校，孩子们亲切地称他为“警察爷爷”。2014年10月，他身体出现不适，可为了工作一再推迟检查，直到今年2月查出患有肺癌才被迫离开岗位住院治疗，学校师生闻讯后自发前去探望并捐款36万余元。2015年5月，高宝来因病医治无效去世。

一　自创角色，全身心服务校园

从2011年年初到2015年春天，在北京市海淀区实验小学门口，每到清晨，总有一位两鬓斑白、和蔼可亲的老警察站在马路中间，护送下车的孩子们走进校门，他就是海淀区公安分局恩济庄派出所民警高宝来。只见他穿梭在车流之间，拉开车门，接了学生，迅速帮助他背好书包，拉着手送他到人行道上，然后，立即转过身，接下一个学生，就是这样简单、看起来并不属于警察职责的工作，高宝来一做就是4年，风雨无阻，没有一天空缺或者迟到，得到了学生、家长乃至全社会的赞誉。

2011年年初，高宝来到辖区任驻区民警。经过几天的走访，他发现，辖区里的海淀实验小学门前及周边地区，每到早晚高峰时严重拥堵，近3000名上下学的学生，穿行在熙熙攘攘的车水马龙中间，极易发生事故。高宝来经过几天的观察发现，送孩子的车辆是造成拥堵的主要原因。家长将车开到校门口，孩子要打开车门，拿出书包，下车后才能离开；还有的家长担心安全问题，会停下车，将孩子送到校门口。这一来一去，就要五六分钟的时间，直接造成了后面车辆严重拥堵。

看到这种情况，高宝来想到，如果有人伸把手，帮助家长接下孩子，就可以解决这个问题。于是，他果断决定承担起这项工作。这看起来纯属义务服务，但会给校园周边安全带来极大的保障，高宝来由此自创了新的警察角色，用自己的身体建立了一个流动安全岗，成了3000多个孩子的保护神。

从此，每天早晨6点半，高宝来就会身穿警服、佩戴单警装备，准时来到海淀实验小学门口。家长们的车一到，他立即走上前，拉开车门。孩子的脚刚落地，他就帮助拽出书包、背到肩上，然后，朝家长打个“开车”的手势，又转身将孩子送到马路边的人行道边，整个过程不到10秒，接着，又走向下一辆车。就是这样简单的动作，高宝来每天要做一小时，连续四年，从未间断。刚开始，个别家长对他的行为不理解，有的甚至还说他多管闲事。但高宝来从不放在心上，憨憨一笑，就继续自己的工作。

学校门前聚集的众多小商贩也是造成校门口交通拥堵的重要原因。尤其一到放学时间，多达数十个流动小摊蜂拥而至，纷纷向孩子们兜售吃的、小玩具等，现场混乱不堪。若想解决校园周边的安全问题，清理小商贩势在必行。

高宝来为此多次到街道相关部门协调沟通，积极争取多方力量共同开展联合清理整顿。开始，很多人对此不理解，觉得他是“管闲事”，响应的人寥寥无几。高宝来并不气馁，多次登门做工作，晓之以理、动之以情。一次不行，两次；两次不行，就三次。工作忙跑不过来，就打电话……终于，他的真诚和执着打动了每一个人，各部门纷纷派出力量参与联合清理整顿。在这个过程中，高宝来一直用他那特有的敦厚、和蔼，与商贩们进行沟通、说服教育，努力使他们主动离开学校。每周，高宝来还会专门抽出两三天的时间，带着学校的保安在周边巡视，防止小商贩们再出现。就这样，经过一年多的不懈努力，终于解决了这个大难题，小商贩们彻底绝迹，学校周边秩序也变得井井有条。

为了进一步保证师生们的安全，高宝来又深入校内进行防范检查。几番巡视下来，他发现，一些保安员对自身工作缺乏责任意识。对配发的应急装备和处理突发事件的器材使用很不熟练，保安队伍的整体素质亟待提高。

为从根本上扭转这种局面，高宝来开始全身心投入到学校保安的培训工作中。经与校领导协商，确定每周二、周五的下午，为保安们进行培训。从选择内容、制订计划到教学、考核，都一丝不苟，亲力亲为。监控调取、灭火器使用、盾牌钢叉战术、突发事件处置、滋事人员带离等，每一个项目，他都手把手教给保安队员。有的人学习吃力，高宝来便不厌其烦，反复示范，讲述动作要领，并不断鼓励他们克服畏难情绪，努力掌握工作本领。刚开始，保安们觉得他太认真，有抵触情绪。时间长了，大家见他无论酷暑严寒都兢兢业业，颇受感染与影响，渐渐地都将全部精力投入到训练中，学校保安队伍的素质得到了很大提高。

2013 年年初，按照区教委的统一要求，实验小学需要更换、新增 120 个监控探头。安装在哪里、怎么安装能够发挥最大作用，让学校领导很为难。这时，大家想到了高宝来。接到电话，他立即赶来。在听完情况介绍后，他带着保卫处的同志在校园里进行实地探勘，认真规划每个安装点位。整整半天时间，高宝来认真走过了校园里的每一层楼梯、走廊和场地的各个角落。一边走还一边在自己的笔记本上不停地做记录。遇到合适的安装点位，他便停下来，和大家仔细商量安装的高度、角度、供电等问题，俨然一个技防工作的行家里手。

随后，他又跟着工作人员逐个将 120 个高清探头安装完毕，不仅将学校的楼道、走廊、活动室、操场等全部覆盖，还使校内和学校周边的探头实现了监控轨迹无缝对接，无论在哪里发生的案件，两边探头都能够相互提供影像证据，从而为学校罩起了一张“天网”，安全系数也随之大大提高。不久，海淀区实验小学校门外的天桥上发生了一起猥亵案件。如果不能及时抓住嫌疑人，孩子们就有可能受到伤害。为了早日破案，高宝来在学校监控室，用了两天时间，调取了多个探头拍摄的录像，最终锁定了嫌疑人，为案件侦破提供了重要线索。

海淀区实验小学在每年招生时会有很多家长来为孩子报名。有些学生因为不符合招生条件而被拒之门外，有些家长情绪激动，甚至与学校工作人员发生冲突。高宝来了解到这一情况，下决心为学校排忧解难。

每年招生时，高宝来便放弃休息，身着警服、佩戴单警装备来到学校，维护招生现场秩序。一发现有冲突苗头，他就会立即赶过去，打开执法记录仪，然后，耐心地进行劝解。有这样一位认真负责的老民警居中调停，双方很快就能平和下来。

高宝来的热情服务，换来了学校教职工的信任。大家只要有事情，第一个就会想到他。2013 年冬天，海淀实验小学组织全校师生进行徒步锻炼，从学校门口到玉渊潭公园，全程 3 千米。沿途有两个红绿灯，一个主交叉十字路口，加上又是繁华的西三环沿线，学校保卫人员担心学生安全，找到高宝来，希望得到他的帮助。为了确保万无一失，高宝来联系了辖区内的解放军 304 医院等几家单位，借来了十几个保安。活动当天，他将这些保安人员安置在沿途马路两侧，还在红绿灯和交叉路口处放置了警示牌，提醒过往车辆减速慢行。高宝来则跟着队伍一路守护，令整个活动井然有序，没有发生任何安全问题。

在任职驻区民警的四年中，高宝来每天清晨来到学校门口，护送学生上学。遇到雨雪天，高宝来总会提前半小时来到校门口，扫除雨水和积雪，然后，撑起一把伞，为孩子们遮风挡雨。有时，雨雪较大，高宝来会用伞罩住孩子，完全顾不得自己，后背经常被雨水淋透。可他从不穿雨衣，因为担心会将雨水弄到孩子们身上；遇到腿部骨折的学生，他担心再跌倒，就会将孩子背起来，送进校门；有的学生年龄小，动作慢，他干脆连人带书包直接抱下车……

有一次，六年级某班发生了丢失学费的事情。高宝来闻讯赶到，先是耐心地安慰丢钱的学生，然后，详细问明了情况。原来，这个孩子将装在信封里的 3000 元学费放在书桌里后，便去做课间操了。课间操后，回到教室，发现钱不见了。高宝来将学校领导和班主任老师请到教室外，说：学费应该是被课间操时留在教室里的孩子拿去了，无论是谁犯了这个错误，我们都应该给他一个改正的机会。最后，大家商定，由班主任向全班学生说明，无论谁拿了或者捡到了钱，只要放回老师的办公桌上，就证明他是个好孩子。随后，学生们逐一走进教师办公室。当全班所有的孩子离开后，高宝来和班主任走进去，就看到了放在桌子上的 3000 元钱。

这些看起来的“分外事”，让孩子们稚嫩的身心受到了保护，家长们也感到安心、放心。高宝来用自己的爱与担当，自创了人民警察的新角色，并经过点点滴滴的不懈努力，让公安工作真正体现了全心全意为人民服务的根本宗旨。

二　像钉子楔入案件高发的源头

新形势下，创建平安社区，技术防范至关重要。高宝来负责的三个社区，技术防范基础之前却十分薄弱。担任驻区民警后，他仔细走访了社区物业及各企事业单位的监控机房，发现部分社区设备陈旧、性能落后，覆盖面积狭窄；这些社区多为老式楼房，技防设施更是落后，根本不能发挥作用。高宝来深知，自己管理的社区内外治安环境都很复杂，只靠自己和辅警、保安很难满足需要。要想实现创建平安社区的目标，就一定要把技防搞上去。

确定了工作方向，高宝来开始发挥螺丝钉精神。一方面，他每周都会轮流检查现有技防设施，发现问题，便带着技术人员到点到位检查，然后，做好记录，明确维修时间。修好后，他还会亲自到场检查效果，直到确保能够发挥作用。另一方面，他不厌其烦地多次找物业经理、社区所属单位领导、街道办负责人员，谈技防建设的重要性，慢慢地提高了大家对此项工作重要性的认识。

为了以实际行动证明技防工作的重要性，他买来存储设备，将社区案发时的监控视频全部拷贝，然后带回所里，与全所辖区发生的同类案件存档的视频进行比对。2012 年夏天的一个傍晚，304 医院车队发生了一起盗窃案，丢失了两台笔记本电脑。高宝来接到报警后，立即赶到现场，在监控室里，翻看了 3 个多小时的视频录像，终于发现了一段嫌疑人作案的影像，他立即回所里，与存档的相关案件视频进行比对。随后，他又将视频截图，制成照片，复印了一百多份，发给社区的辅警、保安和社区治保人员。

功夫不负有心人，半个月后，派出所第四警区民警抓住了一个入室盗窃嫌疑人，经反复讯问，他拒不交代。高宝来回到所里听说这件事后，马上来到讯问室，经仔细辨认核对，发现此人正是304医院电脑失窃案视频录像中的嫌疑人。由此，打开了询问突破口，破获了8起入室盗窃案。

有了这个成功案例，高宝来更坚定了说服相关单位做好技防工作的信心。那段时间，他多次走访，强调重视技防工作的必要性和紧迫性。2013年，街道要对一所老旧社区进行改造，高宝来听说后，经所领导批准，立即向街道综合治理办公室提出了技防工程方案，感动于高宝来的执着与负责精神，街道工委、办事处进行了认真研究，最终决定，拨出70％工程款专门用于技防工程建设。接着，304医院又筹备建设新门诊大楼。高宝来抓住时机，多次与医院保卫科研究全院技防改造方案，最终促成了304医院技防工程的全面升级、更新换代，一次性安装了400多个高清探头，实现了“全覆盖、全天候、无死角、无盲区”的理想目标。2014年，核情报所和304医院社区的入室盗窃、拎包扒窃及电动自行车被盗案分别下降了63％和85％，社会治安环境得到了明显改善，老百姓的安全感大幅度提升。

技防工作搞上去了，为抓捕嫌疑人提供了有力保证，但并不能完全阻止犯罪的发生。2014年年底，临近春节期间，核二院社区连续发生了几起入室盗窃案件。高宝来找到物业领导商量后决定，每天组织保安人员在半夜后巡逻，切实压下案件高发势头。

人手不够，高宝来又找到其他单位，增援了几个巡防队员。然后，自己亲自带队，从午夜12点巡逻至早晨5点。其间，逢人就问，逢疑必查，不过半个月就有了好转。但这项工作纯属义务，保安员们难免有畏难情绪，为了调动他们的积极性，高宝来多次自己掏钱买夜宵，巡逻中还时不时给大家讲个抓贼破案的小故事，年轻的保安员们深为他的敬业精神所感动，也全身心地投入到了巡逻中。这项工作一直持续了两个多月，直到春节结束。这期间，保安员们轮班上岗，而高宝来要每天亲自带队，从午夜到凌晨，接着，早晨6点半，他又出现在海淀区实验小学的门口，两个多月里，没有睡过一个囫囵觉。

对各单位的保安员，高宝来不但管理、培训，还倾力关心、爱护他们。2011年4月，解放军304医院来了一名新保安员，高宝来按照惯例对他的信息进行核实，公安网上竟然出现了黄色预警标志，信息显示，这位新保安员上个月被西城公安分局登记为失踪人员。高宝来马上找到当地派出所，与他的父亲取得了联系。原来，保安员因琐事与父母吵架后，离家出走，一直处于失联状态，父母为此心急如焚。弄清情况后，高宝来找到保安员，耐心地与他拉家常。听着他温暖的话语，这位保安员终于说出了心里话。离家出走后，他一直处于矛盾状态，想回家，又放不下面子，就来当了保安员，希望挣到钱后再回去。高宝来语重心长地开导他，应该回去好好读书，学了本领再出来闯荡。终于做通了保安员的工作，高宝来才将他的父亲请来，见面后，父子俩抱头痛哭，冰释前嫌。

为了做好实验小学的安全防范工作，高宝来在培训和勤务时，要求学校的保安们必须严格落实各项规章制度，陌生人进校前要与老师取得联系，带学生离开必须有出门条。一天中午，两名保安员正在门卫室执勤，一名学生家长匆匆赶来，称有急事要进校接孩子。因为还不到放学时间，学生们还在上课，保安员拦住了她，请她与班主任联系。但这名家长不理不睬，强行冲进了校内。过了一会儿，带着孩子回来了。保安员索要出门条，她拒不配合，并破口大骂。

正在此时，准备护送孩子离校的高宝来赶到了，他连忙劝开双方，询问了事情经过，然后，给班主任打电话确认了家长的身份，才让他们离开。

两位保安员觉得非常委屈，自己因为严格执行规章制度而被骂，心里实在无法接受。高宝来安慰他们，你们做得对，我不会让遵守规定、尽心负责的人受委屈。离开学校后，高宝来去附近的超市，买了两套床单被套。在几天后的培训会上，他首先在学校领导和其他保安面前表扬了两位受委屈的人，然后，将床单、被套当作奖品发给了他们，令两位保安员感动不已，重塑了工作信心，干劲也更足了。

三　扎根百姓，谱写人间大爱

2011 年，高宝来刚当上驻区民警，有的群众不理解并表示怀疑，不过就是“片儿警”，不可能 24 小时提供服务。为此，高宝来每天在社区里“推销”自己，一遍一遍、不厌其烦地将自己的手机号告诉大家。遇到年龄大的人，他还将号码写在纸上送给对方。过了几天，他发现效果并不好，群众遇到困难，还是习惯去派出所找警察。他同一个年轻的保安员谈起了自己的苦恼，人家半开玩笑说，印张名片发下去不就行了。说者无意，听者有心，高宝来觉得这是个好主意，马上付诸行动。他跑到一家打字复印社，掏了几百元钱，印制了 2000 张印着自己姓名和电话的警民联系卡，还反复嘱咐，就要白底黑字，让老百姓能看清楚。联系卡做好后，高宝来很快将它们发到了社区群众手中。

每次召开社区会议，高宝来都不忘强调，“我的联系卡已经发下去了，请在座的各位转告需要找我的群众，我的警务站设在 304 医院，家住核情报所小区，有困难可随时打电话，我的手机全天都开着”。通过这张小小的警民联系卡，高宝来搭建起了与社区百姓高效沟通的途径，他的手机也成了全天候服务热线。

2014 年，海淀公安分局统一为驻区民警印制了警民联系卡。看着设计精美的卡片，高宝来爱不释手，主动申领了一万张。又刻了个有自己名字和电话的印章，逐一盖上去，再逐一发放到群众手中。由此，高宝来的手机更忙碌了，也使他真正成了社区居民的贴心人。

刚进入社区时，高宝来在前任民警的带领下进行走访。当走到水文社区时，同事告诉他，这栋楼里有个大麻烦，是一起闹了近两年的邻里纠纷。楼上、楼下分别住着两位 80 多岁的老人，因噪音影响休息，楼下的大妈去找楼上的老爷子理论，话不投机，闹得不欢而散；第二天，大妈的 4 个女儿听说了这件事，一起回家跑到楼上说理，正遇大爷的女儿和外孙女。双方言语不合，情急之下动了手，伤了老太太的手指，事态顿时升级，派出所接到报警派人赶到现场，双方已吵得不可开交。在民警的调解下，两家一起到了派出所，经反复工作，确认大妈手指并无大碍，最终调解以赔付 300 元医药费收场。过了几个月，大妈一家人又来到派出所，声称老人的手经医院诊断骨折了，大爷构成伤害罪，要求派出所追究刑事责任。达不到要求，又去上告到法院，结果，依然是维持原判。老太太的 4 个女儿带着母亲，开始了告状之路，从分局到区政府再到市政府，不断写信投诉，成了恩济庄派出所的一大“心病”。

高宝来得知这个情况后，决心让这一家人息访罢诉。上任第二天，就敲开了他们的家门。老太见来了一位和蔼的老民警，先是热情招呼，但一听高宝来提起解决纠纷的事，立即翻脸，破口大骂，并连推带搡将他轰出了家门。

过了几天，高宝来买了水果，又敲开了老人家的门。这次不提纠纷，只嘘寒问暖，老人高兴了，开始慢慢接受这位老民警。见这一招管用，高宝来每隔一段时间，就如法炮制，逢年过节，再添点年货。哄了老人高兴，又去哄楼上的老头，水果、点心加嘘寒问暖。但双方依然不依不饶，送东西可以，就是不能提纠纷、提息访罢诉。高宝来说，“告状是你们的权利，可以去，就是提前通知我一下，老人家岁数大了，腿脚不灵便，我开车送你们去”。

就这样过去了一年，双方的问题依然没有解决。因工作需要，水文社区划给了另一位民警。高宝来依然没有放弃，每次按惯例走访，他都会跟随新的管片民警去老人家里。转眼又是一年过去了，2014 年“两会”前夕，他们再次去老人家走访，终于感天动地，一家人答应按照高宝来的建议，解决这起纠纷。第二天，两家人来到派出所，互相道歉，大爷一家又合理补偿了部分赔付款。一起历经四年的居民纠纷终于得到了圆满解决。老人对此充满了感激，说，高警官，这么多年，我骂过你，推搡过你，今天，我真心谢谢你！

高宝来做社区工作从不推诿，总是怀着一颗真诚服务的心，将百姓当作亲人，努力将他们遇到的困难圆满解决。

解放军 304 医院社区有一位患有精神病的空巢老人，2011 年 8 月的一天，他病情发作，在楼道里挥舞菜刀叫骂，吓得邻居不敢出门。接到报警，高宝来与居委会干部一起赶到现场，夺下了病人的菜刀。见他病情严重，便马上联系八里庄街道综合治理办公室、民政科等部门，决定将其送进医院治疗。但找了几家医院都没有床位，高宝来没有放弃，最后，终于找到一家医院答应接收。但老人对精神病院有强烈的抵触情绪，高宝来又耐心地反复劝说，最后，终于将他送进了医院。老人没有家属，经济条件非常困难，无法支付住院押金。高宝来又找到他退休前所在单位，可该单位已经倒闭，只剩下一个留守处，没有人愿意管这件棘手的事。高宝来打电话多方协调寻找，终于找到了单位领导，说明老人的困境。苍天不负有心人，直到晚上 9 点，单位终于派人送来了 5000 元押金，为老人办了住院手续。

这位精神病人在医院住了两年多，高宝来几乎每个月都去探望，到了节假日还会带着礼品，与他拉家常，嘱咐他安心养病。2013 年 10 月，医院通知接老人出院。高宝来又和居委会干部一起帮他办理了出院手续，把他送到家里已经是晚上 10 点多钟。见屋子里因长年无人住脏乱不堪，高宝来又带着大家清理打扫，直到将老人安置妥当才离开。

解放军 304 医院社区还有一位女居民，因炒股赔钱和感情问题，精神受了刺激，说话办事爱钻牛角尖，还经常出现错觉臆想。她总认为是银行骗走了她的钱，三天两头打电话报警，到街道、派出所和银行无理取闹。还经常给海淀分局督察大队和政治处打电话，投诉派出所“不作为”，闹得整个社区不得安宁，成了重点隐患。

高宝来上任后，多次找居委会了解这位女居民的情况，得知她没有工作单位，一直单身与母亲同住，家庭生活十分困难。于是，经常登门走访。结果发现，她虽然在外经常无理取闹，对母亲却照顾得无微不至，说起话来也异常温和。高宝来就多次表扬她的一片孝心，给她精神上的抚慰。当她母亲生病和家里装修时，高宝来又找来解放军 304 医院领导说明情况，为她提供帮助。

2013 年下半年，北京市在全市范围每开展孝星评选活动。高宝来得知后，与居委会商量，帮这位女居民争取参评。大家觉得她多次做出偏激举动，群众意见大，当孝星模范不合适。高宝来就多次找街道相关部门做工作，还亲自整理她的事迹材料，耐心向大家解释，她确实很孝顺，不能因为其他方面的不足就否认这个闪光点。让她参评会给她带来鼓励和安慰，缓解她的精神状况。

在争取了街道领导的理解和支持后，大家共同努力，最终让这位女居民荣获了“2013 年北京市孝星”。高宝来和居委会干部一起来到她的家中，向她颁发了荣誉证书和奖金，还为她挂上了金灿灿的奖章。这位女居民和她的母亲感动得热泪盈眶，从此以后，她竟然真的改变了偏激的状况，再也没有到各单位无理取闹。

2012 年 11 月，北京连降大雪，气温骤降。高宝来正在核二院社区检查监控设施，几个老人找到他，焦急地说，家里暖气不热，请他帮忙想想办法。高宝来马上来到物业办公室了解情况，原来是老旧的供暖管道出了问题，共涉及 6 个单元 200 多户居民，一些人正聚集在办公室要求尽快供暖。物业负责人解释，正在组织抢修，何时供暖很难确定，居民们纷纷表示不满。高宝来见双方僵住了，就说，我在这里盯着，暖气不热，我不会离开，大家都回去等信儿吧。

然后，他找到物业公司经理，详细了解抢修进度，亲自赶到维修施工现场察看。发现维修工作并不复杂，主要是人手不够，影响了施工进度。高宝来又找到物业公司董事长和施工队负责人，耐心说明社区居民的实际困难。大家被他的真诚和负责态度深深地打动了，不仅马上增派了工人，还承诺当天一定给修好。到了傍晚 5 点多，暖气终于修好了，200 多户社区居民也摆脱了困境。

高宝来心系人民群众，把他们的困难当作自己的困难，无论多难多麻烦，都会全身心投入，直到让他们满意为止。2012 年，一名北京大学研究生来到了警务站，向高宝来求助。她的家人在通过银行汇寄学费时，因操作失误，输错了卡号，将一万元学费打入了别人的账户。她只知道这个账户的主人住在水文社区，万般无奈，找到警务站，希望警察能帮助她找回这笔学费。

高宝来因长年尽职尽责的服务，赢得了社区银行的信赖。他们听说了这件事后，破例在网上查到了该账户的主人为水文社区的一位居民。高宝来立即按照姓名找到她家里，可去了几次，家中都没有人。女学生心急如焚，马上就要开学，却交不上学费。高宝来一边安慰她，一边在居民楼里走访、打听，终于弄清楚账户主人已去海南度假，近期不能返回。高宝来又多方查询，找到了她的儿子，向他详细说明了情况和女学生交不上学费的焦急心情。对方感动于高宝来的真诚和负责精神，第二天，就送来了 10000 元钱，归还给了女学生。

经过几年的努力，高宝来成了社区群众离不开的“保护神”。大家都知道，无论有什么事情，只要求助他，不管多小的事，也不管时间多晚，他都会及时赶到。真正践行了驻区民警24小时为民服务的承诺。社区群众也由过去遇到警情打110，变成了直接找高宝来。2014年的一天，一位家长打来电话，报警称孩子丢失了。高宝来一问体态特征和所穿的衣服，觉得在实验小学门口见过。于是，他先是发动学校保安、老师共同寻找，然后，又反复调看小区视频监控，再逐一到各个门卫向物业人员说明孩子的体貌特征，嘱咐他们一旦发现，立即报告。同时，又联系了派出所的巡逻车，参与寻找。终于，在傍晚时，将贪玩走失的孩子送回到了父母身边。

雷锋同志的事迹给了我很大的鼓励，当我每次回忆着他的事迹时，都情不自禁地流下了感动的泪水。这感动的泪水化为了我向他学习的力量和决心。我非常热爱雷锋，我也非常羡慕他那真正的人生，我常想，我要是能像雷锋同志那样，把自己的一生毫无保留地贡献给人民，那将是我最大的荣幸。

——摘自高宝来高中毕业思想总结

高宝来立足本职岗位，全心全意为人民服务，他所做的一切，与雷锋如出一辙。当我们追寻他所走过的路，才发现，雷锋确是他的偶像，早在高中毕业时，他就树立了向雷锋学习的远大目标。他把这个伟大理想深深藏在心底，以自己的实际行动，在新时代重塑了雷锋精神和形象。

四　干一行、爱一行、钻研一行

高宝来同志于1980年由部队退伍到北京市公安局，分配在治安管理总队工作。他先后经历了几个岗位，唯一不变的是踏实敬业、勤勤恳恳、甘作老黄牛的工作作风和精神。在他眼中，岗位没有好坏之分，只有责任最重，为此，他对每一项工作、每一件事都做到了全身心的投入与热爱。

在负责总队车辆管理时，他熟悉每一辆车的车况，行驶公里数，用了多少油，去了什么地方，何时该保养，都记得清清楚楚，丝毫不爽。因为由汽车兵退伍，有一手修车的好技术，高宝来随时能够解决车辆的“头疼脑热”，修好了，再擦拭一新。大家使用时，拿起钥匙开车就走，从不用担心车况安全问题。管理财务装备，高宝来把每一笔来往账目都记到了分值，并定期向领导认真汇报，从未出过差错；每当分发备装时，他经常一个人上下楼奔波，搬桌子、挪椅子，逐门挨屋将服装鞋帽送到大家手里，其认真程度仿佛在做一件天大的业务工作。

随着计算机的普及，2001 年，总队要求民警必须通过计算机一级 B 类考试。为了适应新的工作形势，高宝来将全部精力投入到学习中。白天工作忙，没有时间，他就利用夜晚值班空闲，一遍遍地练习各类复习题。看着他吃力的样子，大家都劝他：你年龄大了，总队不会强硬要求，实在学不会，领导也能理解。可高宝来却认真地说：我可不能拖大家的后腿，以后，都需要用电脑写材料，我要是学不会，怎么能干好工作！就是靠着这股钻劲儿，高宝来终于顺利地通过了考试，成了能熟练运用计算机汇总各类工作报表、撰写简报文件的合格内勤。

2004 年，高宝来按照市局统一部署，下到海淀分局恩济庄派出所。当时，他已经 48 岁，先是当了治安民警，每天值班巡逻，他总是严格要求自己，年轻人能做到的事，绝不含糊打折；有时，甚至做得更多、更主动。而当遇到危险时，他又总是冲在最前面。有一年秋天，民警杜玉刚接到报警，管区内有人打架。他连忙赶过去，只见一名男子手握砖头，不断威胁对面的女子。他冲上去，试图阻拦。但那名男子因过量酗酒，情绪激动，竟然将砖头砸向杜玉刚。就在这千钧一发之际，正在附近巡逻的高宝来及时赶到，他不顾自己年纪大，毫不畏惧冲上去，挡住了男子的手臂。砖头落在了地上，及时化解了危险。

2011 年年初，高宝来响应市局号召，主动当上了社区民警，再次下沉，走到了居民百姓中间。当时，他已经 54 岁，面对从未接触的新工作，他虚心向年轻同志请教，不懂就问，从头学起。他的包里随时带着笔记本，一户一户走访，逐个单位调查，不过四年时间，记了满满 9 本的笔记，各种资料存满了 8 个 U 盘，做到了社区里的大事小情了然于心。

安东顺是丰台分局的退休民警，家住高宝来所管辖的 304 社区。有段时间，管区内多次发生电动车被盗案件，高宝来将所有发案地的监控录像拷进 U 盘，然后找到安东顺，虚心地说：您是刑警出身，我得跟您学破案。看着高宝来真诚的面孔，安东顺非常感动，倾其所有，向他传授如何分析案情，寻找形迹可疑的人，如何蹲坑守候等侦查破案基本功。高宝来一边学，一边干，在社区内昼夜巡逻，发现疑点，随时向安东顺请教，很快成了防范破案能手，压下了案件高发势头。

社区民警需要随时用计算机上报各种公安信息，这对高宝来是很大的难题。随着公安工作的开展和电脑管理工作的升级，各种表格内容日趋复杂，上网的密码、路径又多为英文。高宝来不畏困难，经常向年轻警察请教学习，然后，采取笨鸟勤飞的办法，反复练习。担心自己打字慢、手法生疏，占用计算机时间长，耽误了其他同志工作，他就等下班后再上信息平台工作，经常干到后半夜，周末节假日也不放过，保证按时、高质量地完成各种信息上报任务。

高宝来不但对本职工作如此，上临时勤务，也毫不怠慢。有一次，他到天安门广场值勤，当天气温高达 36℃，地表温度超过了 50℃，高宝来身着便衣，到阴凉处躲一躲，并不会对工作造成很大影响。但他却一丝不苟，头上缠了条毛巾，挥汗如雨，认真观察过路人员，一旦发现可疑情况，立即走上去，出示工作证，进行检查。就这样，毫不停歇地忙了一整天。

五 只留清名在人间

打开高宝来的衣柜，里面几乎只有他常年穿的警服。天蓝色的夏季制服已经被晒得、洗得发了白；藏蓝色的春秋常服，袖口和裤脚都磨起了毛，就连厚重的冬季执勤服也因为穿得过多，而显得格外老旧。穿警服的高宝来是社区居民最熟悉的形象，每天一大早，他佩戴单警装备，骑着警用电动车，就出门了。总是行色匆匆，也从不闲聊。他几乎每分每秒都在社区里工作，从未有人见他与妻子或儿子遛弯儿，享受天伦之乐。在生活上，他极度节俭，经常是一张大饼泡水就是一顿饭。偶尔有同事或者朋友到社区探望，他会带着去饭馆，但从未让业主打过折，更不会白吃白拿。无论当兵还是从警，高宝来都坚持清白做人，永远公私分明。即使在妻子病退、儿子没有工作时，也从未向组织或者任何个人张口求助，坚持一家人靠他的工资艰难度日。

高宝来常年服务解放军304医院，像对待社区居民一样，把医院事情当作自己的事情。但即使如此，他也从未给家人或者朋友到医院看病开过绿灯。宁可自己一大早排队挂号，也不肯给医院添麻烦。

勤俭节约，爱护公共财产，高宝来更是与雷锋如出一辙。2008年，恩济庄派出所搬迁新址，当时，高宝来负责警务装备管理工作。那段时间，大家听到他说得最多的话就是，这是固定资产，不能动！他坚决阻止民警私自处理各类办公用品，而是一一登记造册，收进库房。

最后，全所都搬进了新办公楼，只有高宝来还守在旧所里，看护面临淘汰的各类固定资产。直到分局警保处派人清点交接完毕，他才离开。

直到去世，高宝来一家人依然住在只有50多平方米的小屋里，过得极端简朴。他最值钱的衣服是妻子为他买的一件黑色棉袄，20多年过去了，袖口和领口都已磨得又平又亮，高宝来依然爱不释手。结婚30多年，他从未给妻子买过珠宝首饰。一家人极少出门，大多在附近郊区逛一圈，就算旅游了。

高宝来重病住院后，得到了社会各界的捐款。他一笔一笔地记录了下来，还让家人把账户关联到自己的手机上，时刻监管着如何使用。他已经卧床不起，还在仔细叮嘱家人，不要用昂贵的药，别乱花大家捐的钱。临终前，还多次叮嘱家人，把剩下的钱退给捐款人，实在找不到，就把这笔钱捐给需要帮助的人。在高宝来去世后，家人了却了他的最后心愿，将剩余的钱捐给了北京市公安局民警救助基金。

高宝来满怀遗憾地离开了这个世界，却将一种精神永远地留在人间，这是一笔宝贵财富，正在全社会广泛传播、弘扬，必将带给广大人民群众更多的安慰与服务！

六　大家眼中的高宝来

《孩子们的警察爷爷》

——讲述人：海淀区实验小学教师马佳

海淀区实验小学是一座有着51年悠久历史的重点小学，本校现有老师、学生2000多人。由于学校紧邻西三环，每到上下学时间，交通就会严重拥堵。社区民警高宝来到学校征求意见时，我们就把这个“老大难”问题反映给了他。没想到，第二天一大早，高警官就站在了校门口，只见穿着警服的他拉开车门、接下孩子、关上车门，指挥车辆迅速离开，接着把孩子送到安全地带。这个举动立刻引起了大家的好奇，面对疑惑，高警官说：“我试试帮家长干点活儿，看能不能让车走起来。”

刚开始，家长们还有些不适应，后来渐渐地认可了这种方式，主动把车停在他的身边，放心地让他接下孩子。校门前的秩序有了明显好转，孩子们的安全也有了保障。可大伙儿心里也犯嘀咕：这个两鬓斑白的老爷子到底能坚持多久啊，他是不是在“作秀”呢。

让我们万万没想到的是，高警官这一站就是4年。900多个上学日，每天早上6点半，他都会准时出现在校门前。我们计算过，他每迎接一个孩子的时间总在7秒，就能让家长的车在最短时间内迅速离开，保证了交通的顺畅。无论春夏秋冬、风霜雨雪，高警官硬是用这种别人想都不敢想的办法，一个7秒又一个7秒地重复着那几个动作，把自己变成了穿警服的“流动安全岗”。他也因此赢得了全校师生和家长的信任与爱戴，我们不再叫他高警官，而是像孩子们那样叫他高爷爷。

每逢下雨，高爷爷总会撑着一把大伞，而他自己的后背却总是湿的，因为他的伞永远遮在孩子的头上。我们还发现他从来不穿雨衣，后来才知道，他是怕雨水弄湿孩子的衣服。每逢下雪，他会来得更早，和老师们一起把积雪清扫干净，生怕孩子滑倒受伤。

一年冬天，学生杜弈霖摔伤了腿，只能拄着拐杖来上学。也就是从那天起，高爷爷就背着小弈霖进校门，这一背就是两个多月。从此，两人亲得就跟爷孙俩似的，高爷爷总是亲切地叫他“拄拐杖的小帅哥”。孩子腿伤好了、扔掉拐杖的第一件事，就是在校门口跟高爷爷合了张影，并把洗好的照片作为礼物送给爷爷，照片的背面工工整整地写着：“亲爱的高爷爷，谢谢您对我的鼓励和帮助，我永远是您的小帅哥。”

4年来，先后有70多个孩子在学校布置的命题作文《一位令人尊敬的人》中，写的不是英雄和伟人，而是这位普通的老民警——高爷爷。其中赵润泽同学的作文是这样写的：“爱是可以传递的。每天清早，高爷爷无数次为我们拉开车门，就把那份爱无声无息地传到了大家的心灵深处……”

4年，每天穿梭马路几百次，900多个上学日，40多万次开关门，家长习惯了高爷爷的身影，孩子们习惯了高爷爷的那双大手。

然而，去年春季开学，我们没有看到高爷爷，肺癌晚期的他不得不住进医院。听说这个消息后，孩子们着急地找到我们，家长们也陆续地赶到学校，想一起去医院看望他老人家，都想为他做点儿什么。孩子们写下了祝福语，制作了千纸鹤，有的孩子画了高爷爷辛勤工作的场景，还有的孩子写了想念高爷爷的文章。在学校统一组织下，我们为高爷爷举行了“好人一生平安”的爱心捐款活动，10 元、20 元、100 元、200 元……孩子们纷纷拿出了自己的零花钱，家长们踊跃送来了爱心款，老师们也慷慨解囊，一个上午的时间就捐款 36 万多元！

孩子们牵挂着高爷爷，高爷爷也挂念着孩子们。当我们带着全校师生的嘱托来到病房时，已经极度虚弱的他硬撑着坐起身子，急切地问起了学校的情况。一说起孩子，他那憔悴的脸上又露出熟悉的笑容，眼神里也仿佛有了光彩。他用嘶哑的声音说：“请转告孩子们，是他们给了我最大的鼓励，我会坚强地活下去。等我病好了，我一定再回学校，再给孩子们站岗。”主治医生告诉我们，就在新学期开学的前一天，已经开始接受化疗的高爷爷特意向医生请假，说他想回到学校门前，再为孩子们站最后一班岗。电视台采访他时，他说，“病好后，我一定会再回到学校”，并恳请记者把这句话录下来，通过电视屏幕告诉每个孩子：警察爷爷想念他们，警察爷爷会再回来……

然而，他却没能兑现自己重返校园的承诺，在生命的最后一刻，已经不能开口说话的他，用尽全身的力气，一笔一笔地写下了四个大字——祝福孩子！我不知道，世界上还有什么，比这样的情感更温暖、更真挚、更伟大！

告别仪式当天，为了实现高爷爷的遗愿，灵车专门从学校门口经过，让高爷爷再看一眼学校。高爷爷送孩子 4 年，孩子们也送高爷爷最后一程。

作为一名年轻的共产党员，站在送别的队伍当中，我的心情非常不平静。我没有见过雷锋，但此时此刻，我产生了一种感觉，高警官不就是新时代的雷锋吗？

我更为孩子们感到幸运，在他们刚刚懂事的年龄，高爷爷的出现无疑会对他们认识社会、认识世界、认识人生产生重大的影响。最后，我想说："谢谢高爷爷——孩子们高尚人生的奠基人！"

负重心安的老大哥

——讲述人：海淀分局恩济庄派出所民警侯占军

2004 年，我们响应市局党委精简机关、充实基层的号召，从市局职能部门来到了海淀分局恩济庄派出所。高宝来是我们 15 个人当中年龄比较大的，我们都称他宝来大哥。几年下来，他在所里的威信指数就遥遥领先于我们。我在内勤岗位看得最清楚，他是实打实干出来的。特点就是凡事较真儿、认真、追求极致。

2011 年年初，市局推行社区民警驻区制，这是要求驻区民警在自己居住的片区 24 小时驻守工作的新勤务模式，对民警非常具有挑战性。可在派出所公布的名单上有高宝来。我一猜就是他自己要求的。见到他我就问："您都 54 岁的人了。社区民警的工作那么复杂，您又没干过，您干得了吗？"他嘿嘿地笑着说："领导信任我，我就想试着干干。再干几年社区，这样各个警种我就干全了，退休了就没什么遗憾了。"

这一试，他就一门心思扎在了社区。看着他上报的各种工作数据，我就能想象出，他每天除了工作，基本上没有闲暇的时间。有时在派出所见到他，他也是背个大包，脚步匆匆。想跟他多聊一会儿，每次都是话没说几句，他的电话就响了，经常是一边通着电话，一边冲我摆摆手，又回社区了。

宝来大哥负责的三个社区都是老旧小区，人员流动大，治安情况也很复杂。可没过多久，他解决了 304 医院门前秩序的"老大难"问题，就在全所传开了。我一听，没什么独门绝技，就是两个字"认真"。他是先调查走访、摸清情况，然后请街道综治办支援配合，让医院在门前准备好硬质阻挡措施，最后对无照游商进行警告劝离，清整建管、步步为营。最关键的是他每天带着保安员不间断地巡逻、检查，使无照游商无机可乘。医院门前秩序焕然一新，周边街头发案降了下来。

紧接着，宝来大哥又盯上了社区技防的短板。他跑遍了社区所有的监控机房，核对了每个探头的位置、性能和覆盖区域。找社区单位提建议，到门店挨家挨户做动员，跑街道寻求支持。街道干部都说，我们向他管的社区投入资金最多，因为他提出的问题都带着解决方案，而且论证得还特别充分，无法拒绝，你只能听他的。短短两年，他的辖区陆续安装了400多个监控探头，还装上了一批报警器和防盗门窗。

在安保力量使用方面，他创新建立了三个社区的保安员联勤联动机制，他自任总指挥，调动各社区保安员协同巡逻防控。除了实时通报警情，他还经常组织技能培训，定期拉动演练，保安员的战斗力明显增强。

宝来大哥用人、物、技防等措施织起天罗地网，也用心血浇灌着辖区百姓平安祥和的精神家园。2012年夏天，304医院发现被盗两台笔记本电脑。他马上调出了相关探头3个多小时的视频，从中发现了嫌疑人的踪迹。他把录像拷到优盘里，找同事帮助分析案情，组织保安员辨认，还每天带人巡逻蹲守。半个月后，一名入室盗窃的嫌疑人自投罗网，被其他警区民警抓获。他一眼就认出嫌疑人正是盗窃电脑的人，提供了监控视频。在证据面前，嫌疑人如实交代了作案过程，还一举破获了8起盗窃案。

他做社区民警的几年，实现了社区连续3年案件大幅下降，2014年侵财类案件同比下降了85%，他的社区被分局确定为“免检社区”。为了担起百姓平安的托付，宝来大哥把社区的电子资料、发案的视频都做了保存、登记，居民反映的问题、重要的情况线索、解决纠纷的简要记录，写满了 9 个笔记本 90 余万字，还有 13 本准确无误的社区基础台账。

在大家的印象中，宝来大哥一天到晚好像有接不完的电话，起初我也很纳闷。原来，为了方便群众有事随时能找到自己，他自己花钱印了 2000 张“警民联系卡”，后来又使用分局推荐的“爱民联系卡”。他把自己的名字和电话先刻成印章，再印在联系卡上，毫无顾忌地发给他认为需要他帮助的人。总共发出去有将近 12000 张，辖区居民每家至少有 1 张，而且他公开承诺 24 小时开机，有事随叫随到。

2015 年 2 月 12 日晚，核二院社区物业经理给宝来大哥打电话，一住户家中自来水跑水，联系不上住户，楼下住户的房子都给淹了。他马上赶到了现场，同时叫来居委会的同志和开锁公司的师傅，打开房门关上了住户因疏忽忘记关闭的水龙头，并把积水清理干净。临走前，在房门上留了一张字条，还保留了《开修锁记录单》。谁能想到，10 天后，宝来大哥竟然被确诊为肺癌晚期，再也没能重返他心爱的社区民警岗位。

说实话，和宝来大哥在一起工作 10 年，我知道他有多执着。他用简单质朴的生命意向，阐释了一个深刻的道理：人民警察就要把人民放在心中最重要的位置，始终抱着“给人民群众当好差”的心态，认真干好每一天、每一件事，自然会赢得人民群众的真心爱戴。

宝来大哥是可亲可敬，而且是学得来、做得到的。他给我们做出了好人好警的生动示范。现在，我们都在向他学习，以他为榜样，争合格共产党员，做高宝来式的好民警。

扎根社区的一棵树

——讲述人：海淀分局恩济庄派出所辅警何山

我是一名辅警，曾经在社区警务室为高宝来做辅助工作，因此我们成了师徒关系，我叫他高师傅。高师傅最初对我的教诲是：“一个警察，要像一棵树，为老百姓挡风遮雨，把根深深地扎进社区。”

说句心里话，所领导安排我跟着高师傅干活，我因为知道他干活认真，是有思想准备的。可干起活来，还是感觉吃不消。他带着我做预防电信诈骗宣传，采用的还是最原始的模式，挨家挨户地发资料当面宣讲，并且要送上印着他名字和手机号的“爱民联系卡”。我们管辖的三个社区，八成都是没有电梯的老房子，只能一层一层地爬，一户一户地走。家里没人，也要亲自把资料和卡片插在门缝里。

那时，高师傅的身体已经出现了不好的征兆，爬两层楼梯就得坐在台阶上喘喘气。我也觉得两条腿特别沉，就问他：“您都快退休了，这么干，图的是什么呢?”他说：“山子呀，咱们干的可是良心活儿啊!”就这样，社区 2737 户，一家也没有落下。

有时中午，高师傅会躺在社区警务室的床上休息一会儿。可他从来不脱外衣，连身上挎的个人装备也不摘下来，只是把腰带扣松开就睡了。一次我问他：“您挎着十几斤的东西怎么睡啊?”“你知道群众什么时候报警啊?”一句话，让我无言以对。在他看来，警察为老百姓服务是天经地义，没条件可讲，也不需要理由的。他是在时刻准备着，等着百姓召唤他的。

高师傅对工作一板一眼，对我也像长辈对待自己的孩子一样关怀备至。社区工作千头万绪，我们经常忙得过了饭点儿。每当这时，高师傅就会在警务室用电磁炉煮面条。每次他都是盛好了让我先吃，我推让也没用。每次吃着高师傅煮的面条，我这心里都是暖暖的。

高师傅把社区当成家，把群众当成亲人看待。85 岁的俞奶奶是一位空巢老人。2012 年春节，照顾她的保姆回老家过年了。高师傅对我说：“大过年的老人身边也没个人，心里肯定不好受。”大年三十上午，他自己花钱买了几样俞奶奶爱吃的菜，还特意买了饺子，带着我把饭菜送到俞奶奶家。老人行动不便，他就拿起筷子，一口一口地喂老人吃。

临走他还说："以后有事您就找我，您啊，就拿我当亲儿子。"俞奶奶握着高师傅的手，声音颤抖地说："想不到我这把年纪了，还能有个亲儿子陪着过年，真是有福啊！"

高师傅见不得别人遇到困难，提供帮助也是竭尽全力。

2011 年，一位山东大嫂带着坐轮椅的丈夫到 304 医院看病，不小心把看病的 4300 元钱都丢了，不仅病没法看，生活费也都没有了，急得直哭。高师傅知道后，先是安慰他们："先看病，钱的事儿我想办法。"当着大嫂的面，他给妻子打电话让送 3200 元钱过来。妻子马上到银行取出钱，交给高师傅，他转交给了大嫂。大嫂当即就跪下了，高师傅急忙扶起她，说："千万别这样，困难总会过去。这个钱是我借你的，以后有了就还给我，没有就算了。"随手拿过一个笔记本，记下了借钱的事，让大嫂签了个名，钱数写的是 3000 元。类似这种帮助别人的事情，师傅不知道干了多少……

高师傅得病住院的事，第二天就在微信朋友圈中传开了。那天正好我在所里值守电话，那天的电话简直被打"爆"了，绝大多数都是问师傅病情的，也有要提供偏方、要捐款的。

有一次，我去医院看高师傅，他喘得特别厉害，说话一多就大口大口地咯血。可即便这样，他还是把我拉到身边，特别吃力地在我耳旁叮嘱我："山子，社区的狗证该年检了，千万别忘了；商户的技防设备安好了，想着看看效果；学校开学了，周边得常去转转……"他还说："我把社区台账都整理出来了，将来再来新片儿警，你们能稍微轻松点……"我一个劲儿地点头，眼泪怎么也止不住了……心想：高师傅啊，您这病都到什么份上了，怎么想的还是工作啊。

高师傅走了，可我觉得他没有走远，特别是我在工作的时候，感觉他一直在场。

现在，我彻底相信了那句老话："与高者为伍，与德者同行，必得善果。”我遇到高师傅，从“不适”到“不舍”，他让我着着实实地获得了精神的成长，让我懂得了一段有意义的人生还可以这样度过。

有幸成为高宝来的徒弟，我感到非常荣耀。高师傅，如果有来生，我还给您当徒弟！

…………

父爱就像一座山

——讲述人：高宝来之子　高陆

记得我5岁那年。一天，爸爸和妈妈带着我到八一湖去玩。刚一到湖边，我就被湖里的蝌蚪吸引住了。趁着大人没注意，我就跑下了斜坡，一不小心就掉进了湖里。一双大手把我从水里抱了起来，是爸爸。爸爸把我紧紧地抱在胸前，直到妈妈脱下我湿透的衣服，用自己的外衣裹在我身上，爸爸才松开手。

我和妈妈先回了家，爸爸回来的时候，一进门就像变戏法一样，拿出了一个透明的塑料瓶子，里面装着小蝌蚪。这件事在我的记忆里非常清楚，也让我深深地记住了：爸爸爱我，爸爸给我安全感。

随着年龄的增长，我对爸爸有了进一步的认识。他不仅爱我、爱妈妈，更爱他的工作和那些需要他帮助的人。

我们家条件不太好，只有一套57平方米的房子，妈妈常年病退在家，家里也没有什么积蓄。我的终身大事都快成了家里人的心病了。那是2011年4月8日，我和女朋友商量好，准备到我家“认门”见父母。我第一时间就打电话给了爸爸，从电话里我听得出他特别高兴。我赶紧说：“爸，您可是咱家的最高领导。那天您可不能缺席啊。”他一个劲儿地表示：“行行行，没问题。”那天，我高兴极了，这是我二十几岁以来，老爸第一次为我腾出了时间。

我带女朋友“认门”那天，老爸特别热情。我们正聊得热闹的时候，他的电话响了。他避开我们接了电话，回来后明显就坐不住了。过了一会，他面带歉意地向我女朋友解释：“社区有事，我去去就来。”还特意嘱咐：“孩子，中午一块儿吃饭啊！”转身就急匆匆地走了。我赶紧给女朋友打“预防针”：“我老爸出警，时间没谱。”没想到，午饭前，老爸还真回来了，连我妈都惊了：“老高，今天是怎么了，这么准时。”“今天是儿子的大事，能不准时吗？”可没想到的是，饭还没有吃到一半，他的电话又响了。这次他没回避我们：“报警了吗？好，我马上到。”放下电话又走了。

我当时觉得特没面子，女朋友看出了我的心思，对我说：“高陆，你爸对别人都这么好，对家里人也差不了。”

由于爸爸是警察，我和他见面的时间一直很少。自从老爸当上了社区民警，见他的时间就更少了。我要想看他，都是下班后去警务室找他，每次去都见他在那儿忙呢。有一次，是大年三十的前一天我去找他，警务室里坐满了讨薪的农民工。只见爸爸一边劝说农民工，一边做工头工作，做笔录、打印材料，忙得不可开交，嗓子都讲哑了。等问题解决了，已经是晚上 10 点多了。我陪着老爸默默走在回家的路上，他一句话都没说。我知道，他累了。老爸经常住在警务室，即使晚上回家也都很晚，怕影响妈妈休息，就盖着他那件警服大衣睡在沙发上。为了工作，为了别人，甚至为了家人，老爸没有吃不了的苦、受不了的委屈。而且他对自己的要求一直特别严格。每当想到这些，我都特别地心疼。

有一段时间，我牙疼，到好几家医院都没有看好，就请老爸到 304 医院拿个专家号，因为他的警务室就设在医院里。他非常痛快地答应了，可第二天我去医院，一进大厅，老远就看见穿警服的老爸在那里排队挂号呢。我赶紧跑过去，说：“爸，这医院您还要排队啊？”老爸没有解释，说：“你来得正好，我也该上勤去了。”转身就走了。我站在老爸的位置接着排队，可我能感觉到排队的人们看着老爸走去的背影，流露出的赞许的目光。

2014 年秋天，老爸体检时，查出肺部有阴影。我和妈妈多次劝他去医院复查，可是他总是说忙，没时间。后来病到弯不下腰，系不了鞋带了。每天都是妈妈给他系好鞋带，而且系得都是死结，他坚持上班工作。一提起这事，妈妈就掉眼泪，后悔当初应该跟着他、押着他去看病。

在那段最难熬的日子里，我见证了老爸的坚强。他忍受着大剂量化疗的痛苦，还积极主动配合治疗。他一心想着治好病，重返工作岗位。当了解到安气管支架会影响说话，他断然拒绝了。他需要说话，说不出话的时候，他马上让我找来笔和纸，以笔代言。

后来，老爸吞咽都很困难，想吃又咽不下去。我看着他痛苦而又不甘的样子，背着老爸哭了起来。老爸搂住我，也哭了。我们紧紧地抱在一起，眼泪浸湿了衣裳。这一刻，我深深地懂得和理解了老爸，这也是他割舍不下的一份爱啊！他一定是认为警察对群众的需要是丝毫不能怠慢的，而对家人的亏欠还有的是时间来弥补，做得不够的也可以解释。可当他意识到生命留给他的时间已经不够了，他也是难以承受的。老爸被推进重症监护室的当天，他拉着我的手，流着泪，在题板上写下了："照顾好妈妈。"

每当想起老爸，我的思绪总是停留在他人生最后的三个月里。这也是我人生中最重要的一课。我彻底读懂了老爸。他是富有的，他拥有最多的，就是爱，而且是把爱都献给了他钟情的公安事业，献给了辖区的居民和求助他的人们。即使他病倒了，生命的质地也没有失去坚实的硬度而更显厚重。

老爸，我为有您这样一位警察爸爸感到无限的骄傲和自豪。借这个机会，我也代表全家对所有关心和爱护老爸的人们说一声："谢谢，谢谢你们。"

信仰的力量

——讲述人：海淀分局党委副书记、政委　刘少波

高宝来同志生病后，我去家里探望他。交谈中，我问宝来："现在人们都时兴追求偶像，你心中的偶像是谁呀？""雷锋！"他的语气非常坚定。他说："雷锋同志是我崇敬的偶像。我崇敬他对党、对人民的忠诚，对事业执着、热情，他是我一生学习的榜样。"

宝来去世后，我们整理他的个人档案，发现他在高中毕业的自我鉴定中写着这样一段话："我非常热爱雷锋，也非常羡慕他那样真正的人生。我常想，我要是能像雷锋同志那样，把自己的一生毫无保留地贡献给人民，那将是我最大的荣幸。"

我能理解，我们这些20世纪五六十年代出生的人，都经历过轰轰烈烈的学雷锋运动。可几十年过去了，他真能做到不为世风所动，守诺如初吗？

带着这样的疑问，我开始对宝来的人生轨迹进行仔细地追溯，我得到的答案是肯定的，他真是用毕生的努力，践行了像雷锋那样活着的信条，而且痴心不改。

高宝来高中毕业后就参了军，是海军某部的汽车兵，也当上了班长。复员那年，正赶上对越自卫反击战，他主动找到领导，请求推迟复员，上前线参战，部队领导同意他推迟复员一年。他义无反顾地投入了战地物资的运输工作，圆满完成了各项战斗任务。第二年复员就业，他毫不犹豫地选择了以打击犯罪、保护服务人民为使命的首都公安队伍，来到了北京市公安局治安处。

1996年10月的一天，西城区一个工地的工人们挖出了一口枯井，发现一个锈迹斑斑、形似炸弹的东西。情况报到了当时宝来所在的治安处危险物品管理科。接到情况，宝来打了一辆出租车就赶了过去。仔细查看了现场，又走访了周围居民，他判定：那里在新中国成立前曾是国

民党部队的一个兵营，估计枯井里面的爆炸物一定不少。

面对危险，宝来对周围的同志说：“你们拉起警戒带，然后躲得远远的。我在市局是专门干这个的，比你们有经验。”说完就跳下了枯井，只身开始作业，用小铁锹小心翼翼地清理。果然，那枚炮弹取出来了，底下还有炮弹、手榴弹、地雷、手雷等爆炸物。他一点一点地清理，把爆炸物一件一件地搬出枯井，整整七小时，一共搬出了六十二件。等彻底清理完毕，他已经累得快要虚脱了。

在单位，宝来的身边总是备有一个工具箱，处里汽车、摩托车修理、擦洗的活，他一个人包了下来。民警们自行车出了毛病，也都是找他。休息在家，他也是经常帮助邻居修车、修锁或是干些体力活儿。在人们的眼里，宝来就是那个整天热心地助人，而又以助人为乐的人。

从警三十五年，他时刻听从着党的召唤，只要是组织需要，他都积极响应，不怕危险，也不惧艰苦，甘心平凡却绝不平庸。一路走来，他主动选择从机关到基层，最后落脚在社区，整天面对群众，为辖区群众全天候、想尽一切办法服务，实现了如雷锋同志那样的崇高理想。

宝来生病住院后，海淀分局党委即作出决定，从党委成员做起，换上和宝来一样的装束，替他到小学门前站岗，像他那样护送孩子平安入校，并正式在实验小学门前建立“高宝来岗”。随后，北京市公安局党委号召全局民警向高宝来同志学习，全市陆续建起了 203 处“高宝来爱民服务岗”，首都万名公安民警走向校园，护佑平安。

再一次翻看宝来留下的 9 个笔记本，我又有了新的发现。在这记满了警情民意的本子上，在扉页和页眉的多处，都工工整整地书写着“正气、状态、能力、信心”这 8 个字。我不禁怦然心动：这不就是宝来面对世风变幻和种种诱惑，时刻提醒和激励自己的心灵岗哨吗？他在时刻提醒自己要永远保持凛然的正气，保持全心全意为人民服务的状态；时刻激励自己要紧跟时代的发展、具备应有的能力素质，以信心坚守信仰信念，做人民喜爱的好民警。

我走访了许多曾经和宝来一起工作的同志，他们忆起宝来经常说的话，更让我对宝来满怀敬仰：“我是共产党员，就得认真负责。”“违反纪律的事儿，再小也不能干。”“心安比金钱更重要。”“交给我的事儿，肯定没问题。”……句句朴实无华却又微言大义。通过宝来，我亲眼看到了一个好民警在人民群众心目中的位置有多高，亲身感受到了我们所处的社会对高宝来这样的好民警是多么的尊重。

送别宝来的场景可以用震撼人心来形容，那是最普通的人被一位最普通民警深深感动的汇聚。这种感动来自宝来那超凡的政治人格和人性的感召。他信诺而忠义，朴素而高贵，善良而坚强，大爱而自爱，他用平凡的一生诠释了人民警察神圣的职业价值，也用生命的笔墨在伟大时代的背景上庄严地写下了“宝来精神”，这就是：

坚定信仰信念、初心不改的执着坚守精神；

待百姓如亲人、满腔热情为人民服务的精神；

视工作如使命、负重心安的大无畏担当精神；

敢于直面矛盾、法理融情的德润善治精神。

高宝来无愧于“时代楷模”的光荣称号，是我们学习的好榜样。

图书在版编目(CIP)数据

平凡中的力量：2015北京榜样人物礼赞/首都精神文明建设委员会办公室编. —北京：北京师范大学出版社，2021.12
（北京榜样人物系列图书）
ISBN 978-7-303-25384-5

Ⅰ. ①平… Ⅱ. ①首… Ⅲ. ①精神文明建设—人物—先进事迹—北京 Ⅳ. ①D648

中国版本图书馆CIP数据核字(2019)第280968号

营销中心电话 010-58802181 58805532
北师大出版社科技与经管分社 www.jswsbook.com
电子信箱 jswsbook@163.com

出版发行：北京师范大学出版社 www.bnupg.com
北京市西城区新街口外大街12-3号
邮政编码：100088
印　　刷：北京玺诚印务有限公司
经　　销：全国新华书店
开　　本：710 mm×1000 mm 1/16
印　　张：14.5
字　　数：195千字
版　　次：2021年12月第1版
印　　次：2021年12月第1次印刷
定　　价：59.80元

策划编辑：陈仕云 李红芳　　责任编辑：李红芳 陈仕云
美术编辑：李向昕　　装帧设计：李向昕
责任校对：陈 民　　责任印制：赵 龙